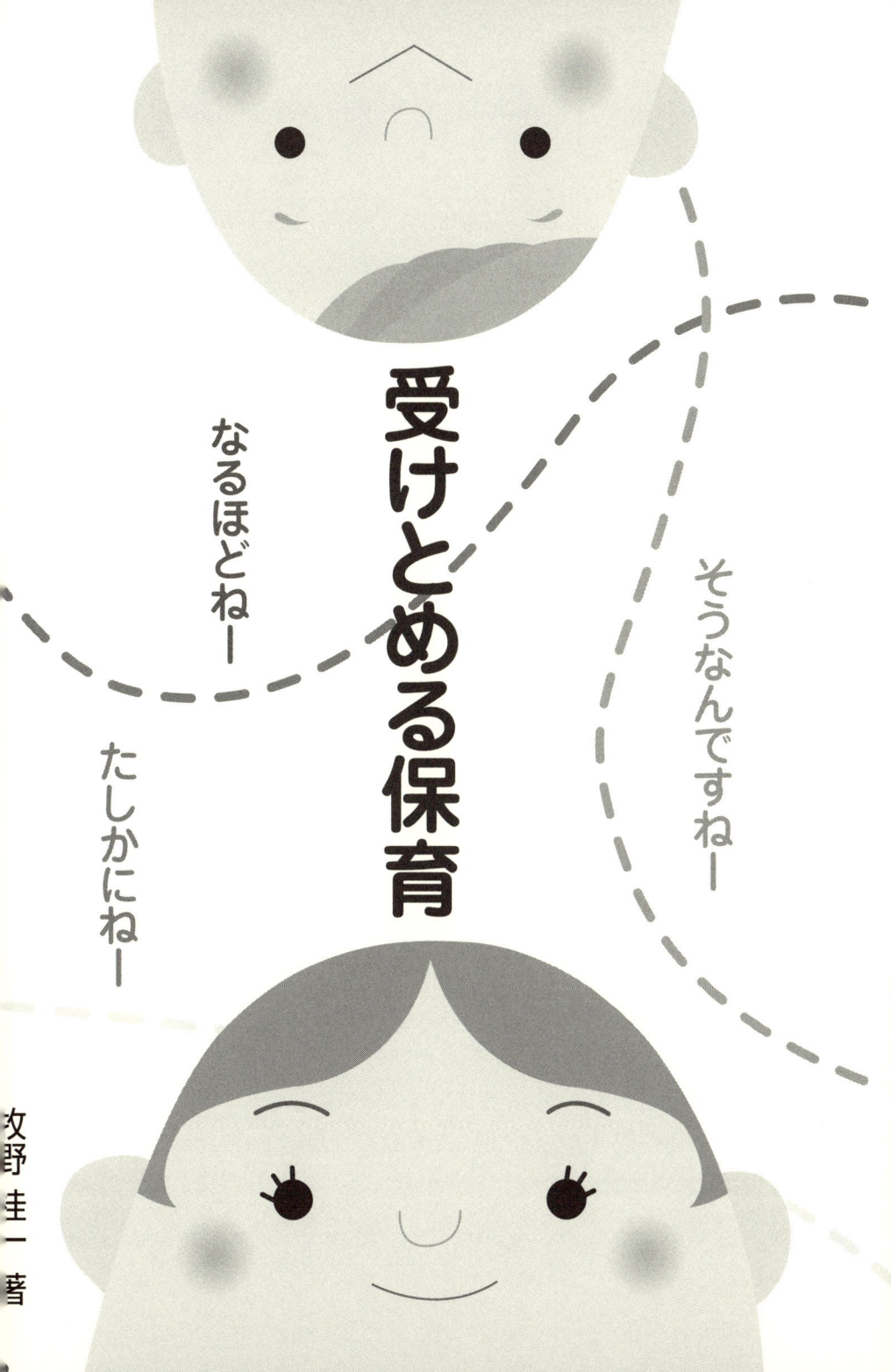

はじめに

　近年、保育現場においては、子どもの保育とともに保護者に対する支援が大きな課題になっています。保護者への支援の必要性は高まる一途であり、その内容も複雑で多様化しています。保護者支援の問題を個々に見てきますと、子育て上の子どもとの関わり方に関する相談にはじまり、障害のある子どもや気になる子どもの養育に関する指導や助言などかなり専門性を求められるものも多くなっています。一方、保護者自身の様々な悩みに関わる相談、担当保育者や園に対する苦情、抗議も含めると、数も内容も多岐にわたっています。

　保育者は、こうした問題に対して個々の保護者の背景にある複雑な社会的環境、家庭環境及び心理状態を念頭におき、真摯に保護者の気持ちを受けとめながら、保育者としての専門性をいかして、日々の保育の中で保護者支援を続けているのが現状です。

　しかし、保育者の保護者に対する支援業務については、まだ十分な整理や体系化ができているとはいえず、保育現場では保護者支援をどのように受けとめて、また、どのように行えばよいのかという方法論や実際の保護者支援にあたっての限界などについて、いまだ議論の途上にあるといっていいと思います。

　本著では、まず初めに、保護者支援の基礎となるカウンセリングの問題を保育現場の現状に即して整理し、実際の保護者との相談活

動での活用への道筋を開きました。

　次に、保護者相談の中でも最も大きなウエイトを占める子育て相談についてコンサルテーションの手法を活用して展開する方法を探っていきました。ここでは一般の相談とともに特に障害のある子どもや気になる子ども、あるいは発達につまずきのある子どもについて、子どもたちの状態を客観的に理解するための評価票（チェックリスト）を開発し、保護者と子どもについての情報を共有できるようにし、その活用方法を明らかにしています。そして、その情報をもとに支援の具体的な事例を紹介しました。

　また、虐待やネグレクトに対しても、発見と防御のための方法と園での具体的な対応を紹介しています。また、保護者自身の「気になる問題について」メンタルな問題から精神疾患にいたるまでのそれぞれのタイプごとに、その対応の仕方を紹介しています。さらに、子育ての中で起こってくる医療機関や療育機関などとの連携の仕方については、大分こども発達支援センターでの事例をもとに、医師の診断から心理士の判定、各訓練士の支援内容や指導員の療育内容を詳しく紹介しています。

はじめに ……………………………………………………………… 2

第1章　保育者による保護者への支援の現状と課題 ………… 11

Ⅰ　カウンセリング ………………………………………………… 12

1. カウンセリングの基本的考え方 ………………………………… 12
   - (1) カウンセリングとは　12
   - (2) カウンセリングとコンサルテーション　13
   - (3) カウンセリングの基礎となっている考え方　14
     - ⅰ) 無条件の肯定的配慮　15
       - ⅰ-ⅰ) 善悪の判断をしない　16
       - ⅰ-ⅱ) 相談の時間は相談に来ている人のもの　16
       - ⅰ-ⅲ) 来談者中心　16
       - ⅰ-ⅳ) 受容　17
     - ⅱ) 共感的理解　18
       - ⅱ-ⅰ) 相談に来た人に寄り添うこと　18
       - ⅱ-ⅱ) 相談に来た人自身の考えを中心にすること　18
       - ⅱ-ⅲ) 話の腰を折らないこと　19
       - ⅱ-ⅳ) 話の内容を社会的な基準で裁かないこと　19
       - ⅱ-ⅴ)「許し」の気持ちを大切にすること　19
     - ⅲ) 純粋性　20
       - ⅲ-ⅰ) 自分の気持ちを隠さない　20
       - ⅲ-ⅱ) 感情を受容する　21
       - ⅲ-ⅲ) 一人の人間として話し手に出会う　21

（4）カウンセリングを進める心得　22
　　　　　ⅰ）相談に来ている人の揺れる気持ちに同調しないこと　22
　　　　　ⅱ）一つひとつの出来事をその場で完結させようとしないこと　23
　　　　　ⅲ）相談に来ている人の求めるハピーエンドには付き合わない　24
　　　　　ⅳ）内容が間違いであってもそれを訂正してもらいたいのでは
　　　　　　　ないことを知ること　24
　　　　　ⅴ）カウンセリングはアドバイスや説得ではない　24
　　　　　ⅵ）柔らかくて優しい声で語りかけること　25
　　　　　ⅶ）相手と共に面接時間を過ごすこと　25
　　　　　ⅷ）話を聞かない特殊な場合　26
　　　　　ⅸ）その日の振り返りをすること　26

Ⅱ　ニーズが高い保育現場の子育て相談　……………………………　27

１．保護者支援の課題と基本的な考え方……………………………………　28
　　　（1）子育てに関するコンサルテーション的なもの　29
　　　（2）保護者の悩みに関わるカウンセリング的なもの　29
　　　（3）虐待など福祉的立場から指導を行うガイダンス的なもの　30
　　　（4）園の保育内容や管理運営に関わる抗議・要望・クレームへの対応　30
２．保護者支援の基本的スタンス……………………………………………　30
　　　（1）保護者と関わる時の基本的な姿勢　30
　　　（2）相手の状況に応じた話し方　32
　　　（3）保護者は「モンスター」ではない　33
　　　（4）家庭・専門機関との連携　35
　　　（5）小学校との連携　35

2章 「気になる」子どもと保護者への支援 ……………………… 37

I 子どもの発達に関わる問題 ……………………………………… 38

1. 発達のつまずきが気になる子どもをとらえる視点…………………… 38
2. 保護者と行う発達障害の子どもの評価………………………………… 42
3. 発達につまずきのある子に必要な対応の基本………………………… 44
   (1) 個々の子どもの持つ保育ニーズを具体的に理解し個別的な支援を行う　44
   (2) 子どもにわかる適切な方法で支援を行う　45
   (3) 得意なことやよい面に着目して肯定的な受けとめを大切に　46
4. 発達のつまずきが気になる子どもと保護者への支援………………… 47
   (1) 知的障害（MR）　47
       ⅰ) 知的障害の子どもの特徴　47
       ⅱ) 知的障害の子どもへの支援の仕方　48
   (2) 自閉症スペクトラム障害（ASD）　51
       ⅰ) 自閉症スペクトラムの子どもの特性　51
       ⅱ) 自閉症スペクトラムの症状　54
           ⅱ-ⅰ) 社会性の障害（対人相互反応による質的な障害、人への関わりや社会的関係形成の困難さ）　54
           ⅱ-ⅱ) コミュニケーションの障害（意思の伝達の質的な障害、言葉の発達の遅れ）　55
           ⅱ-ⅲ) 創造力の障害（行動、興味及び活動が限定され関心が狭く特定の物にこだわる　56
           ⅱ-ⅳ) その他特異な行動　57
   (3) 自閉症スペクトラムの子どもへの支援　57

　　　　　ⅰ）やってはいけないこと　58
　　　　　ⅱ）音や匂いを嫌がる時　58
　　　　　ⅲ）パニックを起こした時　59
　　　　　ⅳ）全てに自信を失っていて積極的に取り組もうとしない時　60
　　　　　ⅴ）ものごとに長続きせずに気が散りすぐに飽きてしまう時　61
　　　　　ⅵ）指示に従えなかったり、自分勝手なことをしたりする時　61
　　　　　　ⅵ-ⅰ）TEACCHプログラムとは　62
（4）注意欠陥多動性障害（ADHD）　64
　　　　ⅰ）注意欠陥多動性障害の特徴　64
　　　　ⅱ）注意欠陥多動性障害の行動特性　66
　　　　ⅲ）注意欠陥多動性障害の子どもへの支援　69
　　　　　ⅲ-ⅰ）何度注意しても言うことを聞くことができない時　69
　　　　　ⅲ-ⅱ）保育者の話に集中できない時　70
　　　　　ⅲ-ⅲ）嫌なことに対して我慢をすることができない時　70
　　　　　ⅲ-ⅳ）友だちとのトラブルなど注意しなければならない時　71
（5）学習障害（LD）　72
　　　　ⅰ）学習障害の子どもの特徴　72
　　　　ⅱ）学習障害の子どもへの支援　73
　　　　　ⅱ-ⅰ）指示されたことを何度も聞き返して取り組むことができない時　74
　　　　　ⅱ-ⅱ）自信が持てず時間がかかってなかなかできない時　74
　　　　　ⅱ-ⅲ）とても不器用で作業が遅い時　74
（6）支援の実際　75
　　　　ⅰ）発達のつまずきが気になる子ども　80
　　　　ⅱ）行動が気になる子ども　84

　　　　ⅲ）情緒面が気になる子どもへの対応　88
　　　　ⅳ）成果と課題　90

Ⅱ　子どもの医療的ケアに関わりのある問題 …………………… 92

1. 医療機関との連携の必要性……………………………………………… 92
2. 障害のある子どもの症状と医師の診療の実際………………………… 94
   (1) アスペルガー障害　95
   (2) 脳性麻痺　96
   (3) 重度精神運動発達遅滞　97
   (4) 発達遅滞を伴う症候群　97
   　　ⅰ）ダウン症候群　97
   　　ⅱ）結節性硬化症　98
   　　ⅲ）レット症候群　98
   (5) てんかん　99
   (6) 発達性言語障害、構音障害、選択性緘黙症など　100
3. 通所施設における支援の実際………………………………………… 101
   (1) 重度身障児（重症児）の通所支援　101
   (2) 知的障害児の通所支援の実際　103
4. 医療・療育現場における検査や訓練・治療の実際………………… 104
   (1) 心理士による対応　104
   (2) 作業療法による対応　107
   　　ⅰ）上肢機能　108
   　　ⅱ）粗大運動　109
   　　ⅲ）感覚統合遊び　109

(3) 言語療法による対応　110
　　(4) 理学療法による対応　113

第3章　「気になる保護者」のタイプとその支援 …………… 117

Ⅰ　「気になる保護者」のタイプ ………………………………… 118

1. 発達障害がある保護者………………………………………… 118
2. 神経症がある保護者…………………………………………… 120
3. うつ病がある保護者…………………………………………… 121
4. 境界性人格障害のある保護者………………………………… 123
5. 統合失調症のある保護者……………………………………… 125

Ⅱ　児童虐待と保護者支援 ………………………………………… 126

1. 保護者の子どもへの虐待……………………………………… 126
2. 虐待をしている保護者への支援……………………………… 127
　　(1) 信頼関係の構築　127
　　(2) 保護者支援の方向性　128

Ⅲ　保護者面談 ……………………………………………………… 129

　　(1) 保護者面談の際の留意点　129
　　(2) 保護者の害受容の段階　132

第4章　ことばのつまずきを支援する保育のあり方 …………… 135

子どもへの関わり方の基本的原則 ………………………………… 136

Ⅰ　ことばの発達 ……………………………………………………… 140

Ⅱ　ことばのつまずきとその対応 …………………………………… 144

1．ことばの遅れている子ども ……………………………………… 144
2．発音のつまずきのある子ども …………………………………… 157
3．口蓋裂の子ども …………………………………………………… 165
4．難聴の子ども ……………………………………………………… 171
5．吃音 ………………………………………………………………… 179
6．その他のことばの問題がある子ども …………………………… 193

おわりに ……………………………………………………………… 199

1章

保育者による保護者への支援

Ⅰ　カウンセリング

　保育現場におけるカウンセリングは、子どもの問題行動への対応や保護者支援の相談活動が行われるようになって、急速に広まってきました。その考え方や方法は、様々な課題に直面している保護者への支援に有効な技法であると考えられるようになってきました。
　カウンセリングそのものの技法を身につけることは、地道で根気のいる極めて専門性の高い仕事です。また、本来のカウンセリング技法を習得するにあたっては、ただ単にその技法を身につけるというだけではなく、自らの人間としての厳しい自己研鑽を伴った研修が求められます。カウンセリングの学びの道は、長く根気のいる仕事ですが、それぞれの保育現場にあった自分のペースで、焦らずゆっくりとコツコツと、保護者支援の方法として、時には同じ悩みを持つ保育者の支援にも役立つ技法として身につけて下さることを期待しています。

1．カウンセリングの基本的考え方
(1) カウンセリングとは
　カウンセリング（counseling）ということばは、「共に考慮する」という意味のラテン語のcounsiliumに由来しているといわれています。「共に考慮する」がカウンセリングの語源であるということは、

カウンセリングの最も基本的な性格を示唆しているものということができます。

　今日、カウンセリングといえば一般的には「相談」とか「助言」という意味に使われていることが多いようですが、本来のカウンセリングは経験的・個人的な助言ではなく、理論的な基礎の上に立って、一般化された手順と技法を持って、誠実に実施されることが大切になります。

　初期のカウンセリングの理論は、職業指導運動、心理測定運動、人格的・情緒的発達の研究に伴う精神衛生の考え方の教育への導入運動などを含む教育心理学の理論を基礎にしながら発展してきました。これから発展する保育心理学もそのような分野との関わりを持ちながら進んでゆくものと思われます。

(2) カウンセリングとコンサルテーション

　保育現場における保護者支援においては、その対応として基本的には、「カウンセリング的な対応」と「コンサルテーション的な対応」が考えられます。現場では、この二つが混乱して使われているような側面がありますので、最初にそのことばの整理をしておきます。

　コンサルテーションというのは、一般的には、身の上相談、生活相談、医事相談、就職相談など、所轄の分野について診断・助言・指導などを行い、主に具体的な事柄の解決を目的とするといわれています。助言者（聞く者）の話を相談に来た人（「来談者」と言います）

が、聞いて従うという関係で相談が進められていきます。

　一方、カウンセリングは、相談を受ける保育者が相談に来た人（多くの場合保護者）と日常的な関係を越えたコミュニケーション場面をつくり、相談に来ている人自身が自主的に問題の解決ができるように助言することを目的としています。その時、問題解決の力は相談に来ている人自身が持っている成長力にあります。カウンセラーや相談を受ける保育者は、その人の成長の力が発揮できるようにサポートすることが役割であり、「解決してあげる」などという思いを持つことではありません。また、カウンセリングにおいては、相談に来た人（話す者）が主体となりますので、基本的にはコンサルテーションとは逆になると考えられます。

(3) カウンセリングの基礎となっている考え方

　カウンセリングの現場で強い影響を受けている理論の中に、来談者中心という考え方があります。ロジャーズ（Rogers,Carl 1902〜1987）の提唱したカウンセリングの三条件は、人と関わるあらゆる場面で、人と交流する時の基本的な姿勢や考え方といわれています。日常の私たちの会話は、その多くがコンサルテーション的なやりとりになっており、カウンセリングとの相違を学ぶことは、人と関わることを必要とされている機会の多い保育者にとって、とても重要な学びになると思われます。また、この考え方は、保育現場で様々な相談を受けることが多い保育者にとって、基本的な姿勢や理論の

基礎となると考えることができます。

　最初に、ロジャーズのカウンセリング理論の中心として提言されている三つの条件から紹介することにします。

　その三つの条件とは、「無条件の肯定的配慮」「共感的理解」、そして「純粋性」です。保育現場で相談を受ける場合、この三つの条件に示された態度を原点として、相談活動を行うと保護者支援を円滑に進めることができると多くの保育者が報告しています。この三つについて、保育現場をイメージしながら説明していきます。

ⅰ）無条件の肯定的配慮（unconditional positive regard）

　「無条件の肯定的配慮」とは、カウンセラーがクライエント（相談者）を正しく等身大の「あるがままの姿」として受けとめることを意味します。相談を受ける保育者は、相手の話を聞いたり気持ちを受けとめられたりするだけでなく、相手の存在自体を無条件に受けとめられることが求められるのです。それは、相談に来た人がどのようであろうとも存在をありのままの現実として認め、尊重するということにつながります。相談に来た人の言動や過去が受けとめられず、相談を受けている保育者の価値観や嫌悪感、批判、無視などの感情が少しでも働いてしまっては相談は成り立たないのです。

ⅰ-ⅰ）善悪の判断をしない
　カウンセリングでは、自分の生き方や考え方で話の内容を吟味したり、善悪を判断したりしないようにすることを基本としています。相談に来た人は、カウンセラーに気に入られるために生きているのではありません。真宗保育の学びの中でも、親鸞聖人の「善悪のふたつ、総じて持って存知せざるなり（何が善であり何が悪であるのか、そのどちらも私は全くいらない）」という教えのことばをいただいたことがありますが、カウンセラーが善悪の価値判断を持って対応していると、それは無条件でもないし、肯定的でもなくなってしまいます。カウンセリングは善悪の学びではないのです。

ⅰ-ⅱ）相談の時間は相談に来ている人のもの
　相談を受ける時間は、相談に来た人に自分の時間をプレゼントしたと考えて、ひたすら耳を傾けることが大切です。相談に来た人をこちらの思う方向に誘導したり、ある結論に導いたりしていこうなどというような、カウンセラーが主体になった考え方は持たないようにすることが大切です。

ⅰ-ⅲ）来談者中心
　相談に向き合う時は、相談に来た人を中心に考えていきます。話を進めるにあたっては、どこまでも相談に来た個人を大切にし、自分の体験と相手の体験を無理に重ねないようにするということです。

話の中では、相談を受ける保育者の意図をできるだけ排除し、はからいを捨てて相談に来た人に向き合うことが大切ということです。ミヒャエル・エンデの『モモ』のように自分を空っぽにした時に初めて人の話が聞こえてくるという人もいます。しかし、自分の価値観という縛りから解き放されて自由になり、相手を中心にするということは、ことばでいうほど簡単ではありません。仏教の教えにおいても、「自分のことと同じように人のことを第一に」というようなことがいわれていますが、このことを実践することはなかなか困難です。

ⅰ－ⅳ）受容

話を聞く時は、否定的な態度やことばを使わないように気をつけ、納得し頷きながら聞くことが大切です。ここにもまた、真宗保育の中で出会う「摂取不捨（せっしゅふしゃ）」ということばが思い出されます。相談に来た人を徹底的に受け入れ、決して見捨てないという態度でしょう。無条件に、あるがままの相手を尊重し、相手に肯定的な気持ちを持つことです。相手がどのようにわがままなことを言おうと、どのような態度であろうと、「人間として尊重する気持ち」「無条件の積極的な関心」が、相談に来た人に向き合う時の基本であるということです。

ⅱ）共感的理解（empathic understanding）
　「共感的理解」とは、カウンセラーがクライエント（相談者）の語る内容に対して異論なく共感し、その内容をよく理解することを意味します。共感とは、相手の気持ちを相手のものとして、あるがままにそのまま感じとることです。偏見や思い込み、色眼鏡、自分の願望、自分の物差しなどで相手を見ないということです。ここでいう共感を基盤とした共感的態度によって、相手の気持ちに寄り添った共感的理解ができるのです。
　共感的理解ということにおいては、まず、相手に対する幅広い人間理解が必要です。相手の話している一部の事柄だけにとらわれていたのではいけません。常に全体を見渡し相手を全体として感じとることが大切です。これらのことを基盤として、共感的理解を進めるために必要なことをあげておきます。

ⅱ－ⅰ）相談に来た人に寄り添うこと
　相談を受ける保育者は、相談に来た人の生き方や考え方など、その人の枠組みを肯定的に受けとめて寄り添うことが大切です。相手をどこまでも人間として尊重する気持ちが一貫して流れていることが大切で、あるがままの人間として理解することが求められます。

ⅱ－ⅱ）相談に来た人自身の考えを中心にすること
　相談を受ける保育者は、一貫して相談に来た人を中心に相談を進

めていきます。つまり、相談に来た人が考えていることを先回りして考えないということです。現状のまま相手を尊重し、受容することによって、相談に来た人自身の気づきが生まれてくるのです。

ⅱ－ⅲ）話の腰を折らないこと

　相談に来た人が話している時は、その話をしっかりと最後まで聞くことが大切です。相手が話し終わらないうちに、相談を受けている保育者が話し始めると、相談に来た人は話の腰を折られたと感じてしまいます。そして、結果をせかされているような感じを受けてしまい、話を続ける気持ちを失ってしまうのです。

ⅱ－ⅳ）話の内容を社会的な基準で裁かないこと

　相談に来た人の話の内容について、相談を受ける保育者がその人の言っていることを吟味して審判するような態度は、極力避けなければなりません。一般的な常識や社会的な基準を当てはめて相手を裁かないということが大切なのです。そのような基準で裁かれると、自分は理解してもらえないという絶望的な気持ちになってしまいます。自分の物差しではなく相手の物差しで話を受けとめていく時に、話を聞いている人にも話している人への共感が生まれます。

ⅱ－ⅴ）「許し」の気持ちを大切にすること

　相談に来た人は、どこかに現在の自分に対する許しを求めている

ような一面があります。その部分をしっかりと受けとめることによって、話を聞いてもらっている人は、優しく聞いてもらっているという気持ちを持ちます。自分の気持ちが話を聞いてもらっている人に伝わり、響いていると感じます。そのような響き合いが大切です。

ⅲ）純粋性（genuineness）（自己一致）

「純粋性」とは、カウンセラーが「見せかけ」の受容的態度ではなく、誠実で「あるがままの姿」としてクライエントと出会うことを意味します。相談を受ける保育者は、常に暖かく好意的に一生懸命に相談に来ている人の話を聞かなくてはいけないと思うあまり、そのことにがんじがらめになることがあります。しかし、相談を受ける保育者も人間ですから、時には腹が立ったり、関心が持てなくなったりします。そのことを無理に隠していると態度や行動が不自然になってきますので、相談に来ている人もそのことに気づき、嫌な気持ちになって不信感を持つようになります。相談に来ている人は、相談を受けている保育者が自分をごまかしながら話を聞いてくれているのではなく、あるがままの姿で誠実に聞いてくれていることがわかると、話を聞いてくれている人を信用するようになります。このような相談を受ける保育者のあり方を「純粋性」と言います。

ⅲ－ⅰ）自分の気持ちを隠さない

相談を受ける保育者は、無理をして自分の気持ちを隠さないこと

が大切です。自分の中に起こってくる感情を素直に感じながら客観的に受けとめる必要があります。自分の中に起こってくる感情を隠したり、ごまかしたりすることではなく、誠実に話を聞くことが求められるのです。そこに、人間と人間が向かい合っているという実感が大切なのです。

ⅲ－ⅱ）感情を受容する
　相談を受ける保育者は、相談に来ている人の話の内容や事柄の全てを無理に是認する必要はありません。受容というのは、相談に来ている人の感情を受容するということです。つまり、話し手の話の全てに同意するということではなく、話している人の「そう言いたい気持ちを理解する」ということなのです。

ⅲ－ⅲ）一人の人間として話し手に出会う
　カウンセリングというのは、人間のいのちといのちの出会いです。聞き手は、自分自身が生の人間として人生を生き、様々な出来事に出合い、悩み苦しんできた生活史を持った人間として相談に来ている人に出会うことを忘れてはいけません。生身の自分をどこかに置いていたのでは成り立ちません。

(4) カウンセリングを進める心得

　実際の面接相談を進めるにあたり、面接中に生じやすい注意点や、相談を受ける者の心得を述べておきます。本格的なカウンセリングにおいては、一回の面接時間に50分程度かけるのが普通のようです。そして、その面接は人によっては、一回で終わることもあれば何回か継続して行われることもあります。

　保育現場では、このようなきちんとした相談の場と時間の設定は難しいことが多く、保護者や保育者の気軽にできる簡略化した方法がとられています。登園や降園の際の保護者との立ち話などにおいても、内容的にはカウンセリングに近いものがあります。ここでは様々な形で相談を受ける者のあり方として大切な基本的事項についてあげてみます。ここにあげている内容については、相談を受ける立場に立つことが多い保育者として身につけておくことが大切になると思います。

ⅰ）相談に来ている人の揺れる気持ちに同調しないこと

　相談の場面では、相談に来ている人がこころの揺れを語ることがあります。相談に来ても「話さないでおこうか」、それとも「思い切って話してみようか」とこころが揺れていることがあります。悩みとともにこころの揺れを伴いながらこころの中を吐露することもあります。揺れないでこころを語ることの方が少ないかもしれません。

　相談に来ている人の語るこころの揺れを感じとること、それを回

避しようとして、別の話題にそらしたり、先手をうって身構えたりしてしまうことも生じます。それは一見、相談に来ている人のこころの揺れを補おうとしているように見えて、相談に来ている人のこころの揺れに振り回されていることになるのです。感じとったこころの揺れは、できるだけ誠実で簡潔なことばにして伝える工夫をして下さい。

ⅱ) 一つひとつの出来事をその場で完結させようとしないこと

　人はみんなそれぞれ自分の長い人生を生きています。一つひとつの短い出来事をその場で完結させようとして、相談を受けている保育者は、相談に来ている人が出した問題を早く解決させようと思い、焦って結論を出す必要はありません。

　それぞれの時点で出されるそれぞれの悩みは、その長い人生の一コマに起こった悩みとして傾聴することが大切です。相談に来ている人は、一つひとつのその場で起こった問題を早く解決したいという願いを強く持つ傾向があります。しかし、深刻そうに見えるどのようなエピソードや事件も、その人の人生の中の出来事の一つです。人生の全てではありません。どのような内容を語ったとしても、それはその人の人生の物語としてゆっくりと聞くことが大切です。

ⅲ）相談に来ている人の求めるハッピーエンドには付き合わない

　相談に来ている人は、どのようにしたら早く問題が解決するかということ、つまり、ハッピーエンドを求めているように見えます。しかし、相談に来ている人は、どうすればよいのかを考える場が欲しいのであって、その答が欲しいわけではないことも多くあります。相談に来ている人にとっては、辛いことや悲しみを理解してもらえば、自分で考えられる余裕ができ、それこそが、何よりも不可思議でありがたい世界に出会えることになるのかもしれません。

ⅳ）内容が間違いであってもそれを訂正してもらいたいのではないことを知ること

　相談に来ている人は、まず自分の話を聞いてもらいたのであって、自分の間違いを指摘し正して欲しいと思っているのではありません。例えば、あることで失敗したと話している場合、失敗した辛い気持ちを聞いて欲しいのであって、原因の指摘が欲しいのではないのです。そのことを相談を受ける保育者はしっかりと理解しておくことが大切です。

ⅴ）カウンセリングはアドバイスや説得ではない

　人がこころを語れるのは、その人がこころを語る準備ができたということを意味しています。稚拙なことばであっても、つたない表現であっても、自分が自分のことばで語ることが大切なのです。「聞

く耳」を持っていない人には、誰でも話す気にはなれません。私たちはまず、「聞く耳」を持って人の話を傾聴することが大切です。話し始めてくれたということは、基本的な信頼関係ができているということを意味しています。

vi) 柔らかくて優しい声で語りかけること
　話を聞いてもらう人にとっては、その場の雰囲気はとても気になるものです。こちらが固い表情をしていたのでは、相談に来ている人はこころを開いて語ることができません。カウンセリングはことばによるコミュニケーションが中心になりますので、その場の雰囲気をつくるにはことばは大変重要です。相手のこころに届く柔らかくて優しいことばで語りかけることが、こころを開くことにつながります。
　自分の悩みを話す時は、誰でも緊張します。電話での相談などの場合は、突然でこころに余裕がない場合があります。そのまま答えてしまってはこころの乱れがそのままことばに出てしまうことがあります。そういう時は、こころの準備のために「10分後にもう一度かけてきて下さい」と言うなどの工夫をすることも必要になります。

vii) 相手と共に面接時間を過ごすこと
　一回の面接においても気持ちの起伏があります。面接は数回で終わることもあれば、何年にもわたることもあります。問題解決は、どこ

までも本人にあったペースで進みます。先を急がないで下さい。相談に来ている本人自身が山を越えてくれることを信じて行いましょう。

viii）話を聞かない特殊な場合

　話す内容が明らかに被害的な思い込みであったり、精神病的であったりする場合は、その場は否定せずに聞きますが、精神科医や臨床心理士などへ紹介するようにして下さい。信頼できる専門家との連携を持っておきましょう。身近にいるたくさんの専門家と知り合いになっておくことが、できない相談への対応を助けてくれることになります。

ix）その日の振り返りをすること

　相談があって面接を行った日は、その日の面接で「カウンセラーの心得」がほぼできたか内省してみましょう。そして、重要な内容や気づいたことはメモにして残しましょう。個人情報の保護・管理に配慮するということは書き残さないことではなく、書いたものの管理をきちんとすることです。

Ⅱ．ニーズが高い保育現場の子育て相談

　保育現場における保育者の保護者支援に関わる内容を詳しく知るため、現場の保育者に対してそれぞれの園でこれまで行ってきた「保護者支援の内容」についてのアンケート調査を行いました。その際「保護者支援の内容」については、自由記述で数の限定はしませんでした。調査対象者は、平成 22 年度と平成 23 年度に私が関わった保育心理士の養成講座及びフォローアップ講座への参加者 112 名（対象保護者 1563 人）と大分市東部地区保育士 101 名（対象保護者 1393 人）及び D 保育園の保育士 28 名（対象保護者 108 人）です。それらを分類整理したものが 28 頁の表 1 の『保育者の保護者支援に関わる内容と回答者数』です。

　保育現場における保護者支援は、大きく二つに分けて考えることができます。

　一つは、従来よく行われている①のような「子育て相談」的な内容です。この中には、②のような障害のある子どもの養育に関する相談や、③④⑤⑥⑦のような子育ての中で起こってくる様々な問題に対して、保育の専門職としての助言を求めてくるものなどがあります。

　もう一つは、「気になる保護者」への対応です。この内容としては、⑧のような子どもの現状拒否から起こる問題、⑨⑩のような社会的支援を必要とする問題、⑪⑫のような園全体を巻

表1　保育者の保護者支援に関わる内容と回答者数

保育者の保護者支援に関わる内容の項目	保育心理士	東部地区	D保育園
①子育て一般に関わる相談	42	31	12
②子どもの障害に関わる相談	22	28	3
③子どもの発達のつまずき関わる相談	28	26	6
④子どものことばのつまずきに関わる相談	32	28	5
⑤子どもの病気に関わる相談	21	16	3
⑥保護者の養育に対する指導	11	30	1
⑦一人親家庭の養育に関わる相談	38	42	2
⑧子どもの障害の現状を受け入れない保護者	28	33	4
⑨子どもに対する虐待に関わる問題(ネグレット)	28 (38)	16 (39)	3 (8)
⑩犯罪に巻き込まれている保護者	17	3	1
⑪激しいクレームへの対応	48	39	4
⑫保育に対する要望や抗議する保護者	57	49	9
⑬保護者自身の悩み相談	39	24	2
⑭離婚など家庭内不和の問題	21	31	4
⑮保護者の精神的疾患による問題(医師の診断あり)	25 (11)	27 (17)	17 (8)
⑯保護者の障害への対応	18	4	2
⑰約束事を守らない保護者	17	48	11
⑱保護者間のトラブルに関する対応	19	16	4
⑲経済的に困難が起こっている保護者	47	12	2
⑳連絡がとれない保護者への対応	48	53	14

き込む危機管理の問題、⑬⑭⑮⑯⑰⑱⑲⑳のような保護者自身の問題などが含まれています。

1．保護者支援の課題と基本的な考え方

　保育者に対する保護者支援に関わるアンケート調査から、保育現場が直面している保護者支援の多様な問題が浮きあがってきました。

それらの問題を、これからの保護者支援の課題という面から以下のように類型化しました。すなわち、①具体的な子育てに関するコンサルテーション的なもの、②保護者自身の悩みに関わるカウンセリング的なもの、③虐待などのように福祉的立場から指導を行うガイダンス的なもの、④園の保育内容や管理運営に関わる抗議・要望・クレームへの対応、です。

(1) 子育てに関するコンサルテーション的なもの

　子育てに対する相談について診断・助言・指導などを行い、具体的な事柄の解決を目的として行われます。保育現場においても、相談に来る保護者の話を聞き、保育の専門職である保育者が園の特性や保育者の持っている専門性を生かして保護者に答えていくことを基本に相談を進めます。

(2) 保護者の悩みに関わるカウンセリング的なもの

　相談を受ける保育者が、相談する側の保護者との間に日常的な関係を越えたコミュニケーション場面をつくり、保護者の状況やその意向を理解して受容し、自主的に問題解決ができるように援助します。その際、相談に来ている保護者自身が問題を解決していく力、問題を解決しようとして成長していく力を持つことを大切にします。したがってここでの対応は、相談に来ている保護者が主体となり中心となるように進めていきます。

(3) 虐待などの福祉的立場から指導を行うガイダンス的なもの

子どもの最善の利益を考慮し、保育者の知識や技術などの専門性や園の特性を生かして、地域の子育て支援に関する資源を活用し、地域の関係機関と連携・協力して行います。

(4) 園の保育内容や管理運営に関わる抗議・要望・クレームへの対応

保護者から出されてくる抗議・要望・クレームなどの問題に対しては、保育者あるいは直接的な保育の責任者として、保護者への説明責任を果たすことが基本になります。このことは保育全般にわたるので、園として基本的なマニュアルを作成して対応していくことが大切です。

2. 保護者支援の基本的スタンス

(1) 保護者と関わる時の基本的な姿勢

まず、保育者は基本的に保護者への面接を通して相談や要望・苦情などを掘り起こし、どんな場面でも受容的、共感的な態度で、保護者の話を傾聴することが重要になります。保育者は、つい自分の意見を言いたくなったり、指導をしたくなったりするものですが、まずは、保護者の思いを十分に受けとめることが大切です。「保護者の話を受けとめよう、保護者の言っていることを理解しよう」とす

る保育者の姿勢から、保護者への支援を行ううえで最も大切な相互の信頼関係が形成され、保護者の理解や協力が得られるようになります。

　保護者の話を受けとめることは、保護者の話に相槌を打つことから始まります。「そうですかー」「なるほどねー」「確かに、その通りですねー」などのことばとともに、深く頷きながら肯定的に聞くことです。頷きながら対応していると、保護者は、「保育者が自分の話を誠実に聞いてくれている」ということを理解できるようになります。この時、保護者に向ける視線や態度も大切です。視線は保護者の目のあたりに向け、柔らかい受容的な態度で保護者の話を聞くと、その場の雰囲気も和んできます。

　一方、「子どもに障害がある可能性がある」ということを保育者が保護者に伝えたい場合は、できるだけ専門的な用語などは使わないようにして、子どもの日常生活の様子などをもとにわかりやすく話すことが求められます。この時、根拠についても、子どもの具体的な事実を交えながら、子どもの行動から推察されることについてはっきりと伝える必要があります。

　保育者が保護者を支援していく場合には、子どものありのままの姿を認めていくことに加え、子どもの成長や発達について期待や希望を込めて語っていくことが重要な意味を持っています。そのような意味でいえば、保育者は保護者にとって子どもの未来と希望を語る最も信頼できるパートナーといっていいかもしれません。

どのように病気が重くても、看護できない患者はいないように、保育者にとっては、どのような重い課題を持っていたとしても保育できない子どもはいないからです。

（2）相手の状況に応じた話し方

　保育者が保護者に話をする際には、話す相手の状況に応じて話し方や話す内容を変えていきます。相談に来た保護者と苦情を言いに来た保護者とでは、当然、その対応は異なります。助言を求めて相談に来た保護者には、積極的にアドバイスを伝えなければなりません。要望・苦情を言いに来た保護者には、まずは保護者の言い分を十分に聞く姿勢で向き合わなければなりません。

　保護者の中には、一方的に話をするばかりで、聞く側にとっては何が言いたいのか理解できないような人がいることがあります。その時には、保育者はわかったような態度をとらないで、話の内容を丁寧に聞き返したり、話を整理したりすることも大切です。

　話をする時には、ゆっくり、静かな口調で話すことが大切です。静かに話せば緊張していたり興奮していたりする保護者の感情を落ち着かせることにもなります。自分は少し早口の傾向があると思う人は、意識的に少しゆっくり話すように気をつけると相手は話が聞きやすくなります。

　保護者とある程度信頼関係ができるまでは、自分の思ったことを直接的に保護者に言うことは控えることも重要です。どこまでも共

に考えるという姿勢を示すことが大切です。しかし、時には保育者も、保護者のことばに感情的になったりすることがあるかもしれません。そのような時は、「今、自分はこのお母さんのこのことばにイライラしている」と客観的に自らの感情に気づくようになることが大切です。もし、気づかないままに話をしたりすると感情がそのまま表情や態度に出てしまい、相手の気分を害したり怒りをかったりすることにつながりかねないからです。

保護者の中には、保育者が感情的になってしまうようなことばをわざと選んでぶつけてくるような人がいます。その時には、「私は今、この人のことばにイライラしている。冷静に」と自分に言い聞かせて落ち着くことが重要になります。

姿勢や身ぶり、座り方などを通して、相手が暗黙のうちにこころのメッセージを出して、反発してくる場合もあります。その時には怯えることなく、そのことがどういうことを意味し、どういうことを表現しているのかということを考えて対応することが必要です。

(3) 保護者は「モンスター」ではない

保護者支援にあたっては、保護者の全人格的な理解ということが最も大切なことになります。そのためには、表面的な言動だけではなく、生活背景や生い立ち、さらには複雑な人間関係についてまで留意することが必要です。園や保育者に激しく抗議を続ける保護者に対して、「モンスターペアレント」などということばが保育現場で

も飛び交うようになってきました。マスコミがリードする形で広く使われるようになってきたものですが、保育現場の複雑な現状の一面を象徴しているものです。

　このような現象に対して多くの保育者は、「保護者はモンスターなどではない。クレームという形をとりながら保育者に助けを求めている」というように受けとめています。現在の保育システムの中では、クレームをぶつけるという手段でしか、保護者は保育者とつながることができないという悲しい現実もあるのではないかと考えているのです。

　傷ついたり生きづらく感じていたりしている子どもたちが、そのサインを「いじめや暴力」といった間違った形で無意識に表出するのと同じように、保護者自身が抱えている生きづらさや様々な苦しみが「モンスター」と表現される振る舞いを誘っているのではないかと考え、保育者たちは保護者の願いに応えようとしているのです。保育現場において、子育て環境をこれまで以上に高めていくためには、保護者に対する心理的ケアの機会をできるだけ創出し、改善につながるサポートを心理的・制度的なことも含めて保育者が自覚的していくことが重要です。

　一人ひとりの保護者が、「一人の価値ある人間として対応してもらいたい」「あるがままの気持ちを受けとめてもらいたい」「自分の気持ちや言動に対して、保護者の立場に立った対応をしてもらいたい」「一方的な価値観に縛られないで、自分のことは自分で決めたい」と

いう深い思いを持っていることも忘れてはならないことです。

(4) 家庭・専門機関との連携

極端な多動や情緒不安、パニックの多発など、子どもによっては薬や治療・療育が必要になることもあります。その際には医療機関や療育機関などとの連携が必要になってきます。すでに受診していて、保護者が子どもの状態を理解し、医師の指導の許で支援を行っている場合もあります。

そのような時には、保護者から子どもに関する情報を聞き、園としてできる支援を行いましょう。また、保護者の承諾が得られれば、園の方から療育機関へと出向き、園として配慮すべきことを聞くことも必要です。一方、子どもの状態に気づいていないか、気づいてはいるが否定したい気持ちが強い保護者に対しては、あわてず、あせらず、まず関係づくりをしていくことから始めます。

(5) 小学校との連携

発達につまずきのある子どもの支援においては、その連続性ということが極めて重要な意味を持ってきます。基本的には保育要録や指導要録がその役割を果たしますが、市町村から指定された形式だけでは、説明が不十分なこともあります。

子どもにとっては新しい環境、初めて会う先生、友だち、小学校の生活時間や学習体制に慣れなくて、戸惑うものです。小学校も、

特別支援教育が浸透し多くの発達につまずきのある子どもを受け入れているので、十分な配慮が行われるようになりましたが、学校が何より必要としているのは、この子どもたちの詳しい実態です。幼小連絡会などで、子どもの気になる行動とその原因、支援策などを知らせる場が設定されるようになりましたが、それだけでは心許ないところがありますので、子どもへの対応について子どもの立場で具体的に書いた資料を送るなど、きめの細かいフォローが必要です。

2章

「気になる」子どもと保護者への支援

Ⅰ　子どもの発達に関わる問題

1．発達のつまずきが気になる子どもをとらえる視点

　保育現場には0歳から6歳までの子が在籍し、中には様々な課題のある子がいます。また最近では、「際だった障害はないけれども、自分の子は通常の子とは違うのではないか」などと心配したり、悩んだりする保護者も多くなってきています。

　この段階の子どもたちの発達は、人間の成長期でも最も変化に富んでいます。同一年代の3月生まれの子は、当然のことながら4月生まれの子よりは一年近くも差がありますが、この年代の一年の差は、学齢児の子とは比較にならないほど大きな差であり、保育の内容も全く異なるものを用意しなければならないことが多くあります。乳幼児期の子には、一般的に考えられよりは遙かに発達の状態に差異があると考えなければなりません。家庭環境も、両親がいる子や一人親家庭の子、兄弟姉妹のいる子やいない子、祖父母と同居している子やしていない子などと様々です。このように見ていくと、保育を展開するにあたっては、一人ひとりの子どもの家庭環境や様々な発達段階に応じたきめ細やかな配慮が必要となることがわかります。

　だから、子どもたちの気になる状況を客観的に把握するために、標準的な乳幼児期の発達をベースにした発達検査を行う必要があります。さらに「発達の遅れ」については、保護者が子どもの状態を

どのように理解しているかということが、重要な意味を持ってきます。保護者と保育者が共通の基盤に立って、子どもの現状を受けとめることが必要になりますので、共通理解のための「アセスメント」を行うとよいでしょう。

保護者がすでに専門機関などで様々な検査などを行っているようであれば、そこでのアセスメントを活用することが望ましいです。もし、そういったものがない場合には、保護者にも比較的理解してもらいやすい『遠城寺式乳幼児分析的発達検査』や、私が現場の保育士と作成した、次頁の表2『発達の全体像をとらえるためのチェックシート』を活用することをすすめています。

このチェック項目は、保育所保育指針や幼稚園教育要領で示されている発達段階をベースに、医療現場や臨床心理の場で活用されている『円城寺式乳幼児分析的発達検査』『津守式発達検査』などの発達検査の項目をできるだけ多く取り入れるようにしました。なお、既成の項目の年齢と保育現場における現状とにズレがある場合は、保育現場の現状を示すことにしています。

また、年齢区分については、保育所保育指針に示されている年齢区分をもとに6ヶ月ごとに整理しましたが、1歳児については、保育所保育指針に「6ヶ月から1歳3ヶ月」という区分がありますので、変則的に1歳3ヶ月という段階を設けています。

これらの子どもの発達の状態を客観的に理解するデータをもとに、子どもの生活上の困りとともに、それを改善していくための対応策

表2　発達の全体像をとら

月齢	運動の発達 健康と身体運動	運動の発達 表現と手指機能	社会性の 養護と生活習慣
6ヶ月	寝返りや腹這をする。	手を出して物をつかむ。	自分で食べ物を持って食べる。
1歳	座った位置から立ち上がる。	なぐり書きをする。	サジで食べようとする。
1歳3ヶ月	立って歩く。	コップの中の小粒を取り出す。	お菓子の包み紙を取って食べる。
1歳6ヶ月	走る。	積木を重ねて積む。	口元をひとりで拭こうとする。
2歳	一段毎に足を揃えて階段を上がる。	積木を横に並べる。	排尿を予告する。ストローで飲む。
2歳6ヶ月	足を交互に出して階段を上がる。	真似て直線を引く。	こぼさないで一人で食べる。
3歳	片足で立ったまま回る。	ハサミを使って紙を切る。	靴を一人で履く。
3歳6ヶ月	でんぐり返しをする。	投げたボールをつかむ。	手を洗って拭く。
4歳	片足で数歩跳ぶ。	紙を直線に沿って切る。	入浴時、ある程度自分で体を洗う。
4歳6ヶ月	ブランコに立ち乗りしてこぐ。	紙飛行機を自分で折る。	一人で着衣ができる。
5歳	スキップができる。	タオルや雑巾を絞る。	一人で外出の支度ができる。
5歳6ヶ月	立ってブランコをこぐ。	飛行機の飛ばし方を工夫する。	体をタオルで拭く。
6歳	片足で10秒立つ。	人物画（6部分）	一人で外出の支度が完全にできる。
6歳6ヶ月	一人で縄跳びをする。	絵具で絵を描く。	手ぬぐいや雑巾を絞る。
7歳	毬つきで毬を脚の下に潜らせる。	風船や鶴を自分で折る。	紐をひも結びする。
7歳6ヶ月	片足で30秒立つ。	ピアノを好きなように弾く。	道具を使って手伝いをする。

2章 「気になる」子どもと保護者への支援

えるためのチェックシート

発達	言語・認知の発達	
人間関係とコミュニケーション	ことばと対話	環境と理解
人を見ると笑いかける。	人に向かって声を出す。	身近な者の声を聞きわけ反応する。
身近な者の後追いをする。	ことばを正しく真似ようとする。	「バイバイ」のことばに反応する。
褒められると同じ動作を繰り返す。	二語から三語のことばを言える。	「ちょうだい」など要求を理解する。
簡単な手伝いをする。	絵本を見て物の名前を言う。	絵本を読んでもらいたがる。
親や先生から離れて遊ぶ。	「わんわん来た」など二語文を話す。	「もうひとつ」がわかる。
友だちが喧嘩をしていると言いつけに来る。	自分の性名を言う。	大きい、小さいがわかる。
ままごとで役を演じる。	「小さな人形」等の二語文の復習をする。	赤、青、黄、緑がわかる。
自分の物と他人の物の区別がつく。	同年齢の子と会話ができる。	高い、低いがわかる。
大人に断って移動する。	両親の姓名、住所を言う。	用途によって聞かれた物を指示する。
砂場で協力して山を作る。	短い文章の複唱ができる。	5までの数の概念がわかる。
真似て簡単なルールのゲームができる。	真似で物語を話す。	お腹が空いた、寒い等を理解する。
店で買い物をしておつりをもらう。	「しりとり」をつなげる。	なぞなぞをする。
簡単なルールのゲームができる。	数を数えてブランコの順番を替わる。	馬は大きい、ネズミは反対類推ができる。
トランプのババ抜きができる。	ひらがなの本を読む。	トランプの神経衰弱をする。
人がして欲しいことを察してあげる。	幼児語をほとんど使わなくなる。	時計の針を正しく読む。
道具を使い協力して掃除をする。	ひらがなの本を読む。本を完全に読む。	簡単な足し算ができる。

について、発達に配慮しながら考えていくようにします。子どもの状況によっては、児童相談所など専門機関と連携しながら、療育手帳の発行など社会的支援の体制を構築していくことも必要になってきます。

2．保護者と行う発達障害の子どもの評価

　発達障害の子どもの支援を進めるにあたっては、保護者との連携は欠かせません。ここでも、保育者と保護者が共通の基盤に立って、子どもの現状を受けとめるアセスメントが必要になります。表3は『保護者の気づきのための発達障害チェックリスト』です。

　このチェックリストでは、「ない」「時々ある」「よくある」の項目をもとに、「気になる内容」の傾向性をつかむことができます。
　診断をするわけではないので、特にチェック項目の数などによる基準はつくりませんでしたが、複数の項目にチェックが入った場合は、日常の生活の中での困難が予想され、その内容によって、子どもへの対応について、一定の方向性が与えられます。つまり、子どもの行動が「ただ気になる」というだけではなく、「発達障害が背景にある行動」として受けとめられるのです。

表3　保護者の気づきのための発達障害チェックリスト

領域	項目	ない	時々ある	よくある
自閉症スペクトラム	＊視線が合いにくい。＊人への関わりが乏しい。			
	＊集団に入らない。＊一人遊びが多い。			
	＊会話が成り立たない。			
	＊オウム返しで話す。＊独特な声で話す。			
	＊同じ遊びを繰り返す。＊同じ道具に固執する。			
	＊極端な偏食がある。＊限られた物以外は受け付けない。			
	＊興味や関心が狭い。＊特定の物にこだわる。			
	＊自傷行為があったり、パニックを起こしたりする。			
	＊手をヒラヒラさせたり、飛び跳ねたりなど常動行動がある。			
	＊音・色・匂い・味・触られることに対して敏感過ぎる。			
注意欠陥多動性障害	＊注視できない。＊注意を払えない。			
	＊ものごとに集中できない。＊遊びが長続きしない。			
	＊言われた通りのことができず、指示に従えない。			
	＊物をよくなくし物忘れをする。＊探し物を見つけられない。			
	＊動きが激しく、部屋から飛び出したりする。			
	＊いつもソワソワしていて、体を動かしている。			
	＊走り廻ったり、高い所に登ったり、飛び降りたりする。			
	＊話を最後まで聞けず途中でしゃべりだす。			
	＊突然飛び出したり、物を投げたりする。			
	＊一番になりたがる。＊気に入らないと暴力を振るう。			

3．発達につまずきのある全ての子に必要な対応の基本
(1) 個々の子どもの持つ保育ニーズを具体的に理解し個別的な支援を行う

　気になる子が発達障害と診断されても、その子どもに対して「こうすればよくなる」というような即効性のある支援方法は、残念ながらありません。個々の子どもへの支援の手がかりは、一人ひとりの子どもの具体的な姿の中に隠されています。そのために、まず基本になるのは、43頁の表3『保護者の気づきのための発達障害チェックリスト』で確認した、個々の気になる子どものつまずいている問題をしっかりととらえて具体的に理解することです。そして、周囲からの指示の理解、本人の要求や意思の表現、遊びの能力、ものごとを整理し学んだことを応用する力がどの程度あるのかを知っていくことが必要です。この時、好きなこと、得意なこと、興味・関心、嫌いなこと、苦手なこと、難しい課題として避けていること、こだわり、周囲が手助けする方法、我慢できる範囲はどの程度かを具体的に知ることが大切になってきます。

　発達障害の傾向の強い子どもの支援にあたっては、そのまま放っておいたのではできるようにならないことが多いので、子どもが諦めないように励ましながら直接手を添えるなどして、それぞれの子どもたちの特性に合った身体的な支援をしたり、具体的にやって見せたりするなど、根気強く個別に支援していくことが大切です。

（2）子どもにわかる適切な方法で支援を行う

　一方的にものごとを押しつけたり、逆に何でも自分で考えさせたりするようなやり方は、発達障害の子どもたちには問題があります。段階を追い、選択肢を上手に使って選ばせながら自律性を育成することが大切です。最初は、提示したものを「はい」「いいえ」の二者択一の形で選ばせることから始め、自分で選べるようになったら選択肢を増やし、その中から選ばせるようにすると、ものごとに主体的に取り組んでいけるようになります。このようなことを繰り返しながら、徐々に自分で考えて行動することができるようにさせることが必要です。

　また、できないことに取り組む時もできるようになる過程をできるだけ細かいステップにわけて、一つひとつのステップで適切な支援を行うことが大切です。発達障害の子どもたちはつまずきに対して極度の恐怖心を持っていることが多いので、試行錯誤の学習よりも失敗を避けるように配慮した「無誤学習」(注1)を基本にすることが望ましいといわれています。

　さらに、できない場合には手を添えるなど身体的な支援を行ったり、実際にやって見せるなど、しっかりとモデルを提示したり、絵や写真による視覚的教具を使ったり、わかりやすいことばで具体的にイメージしやすいよう工夫したりして支援を行うことも必要です。

(注1) 介入初期に誤反応が出ないようにヒントや介助を与え、行動が安定してきたら、徐々にヒントを少なくしていくことで、やがてヒントや介助がなくても行動がスムーズに自発的すすむようにもっていくための学習方法。

（3）得意なことやよい面に着目して肯定的な受けとめを大切に

　発達障害の子どもに対しては、問題となる行動や出ないことばが気になり、そのことを直そうと考えて、叱ったりやり直させたりして意欲を失わせていることが多くあります。しかし、この子どもたちも、よく見ると得意なことやよい面、興味・関心を示すものを必ず持っているものです。そのようなことに取り組んでいる時には、飽きずに生き生きと集中しています。それを保育の中に持ち込むことは、子どもとの肯定的な関係づくりをするうえでは重要で、支援を考える時にも有効な手がかりとなることが多くあります。

　例えば、「多動でじっとしていない」「ことばで言うよりも先に手が出て、友だちを押したりたたいたりする」「静かにしていてほしい時に大声でしゃべる」など、問題となる行動が気になっている子どもも、様子をよく観察してみると、「ブロック遊びや折り紙の時は作り終わるまで集中している」「着替えたものは決まった場所にきちんとしまう」「給食の時には食べ始めるまでは座っている」というようなよい面もあることがわかります。このように、得意なこと、よい面はこの子どもたちを支援する大きな手がかりとなります。

　ポジティブな園生活を送るために、生活する力を増やしていくことが必要です。子どもができることにしっかりと取り組むことが充実した生活の早道であり、そのためには、周りの人が理解を深めたり、子どもにわかりやすく生活する場面を整えたりすることが大切です。できないことは助けを借りてまず経験してみることが、保育の中で

は重要になってきます。

4. 発達のつまずきが気になる子どもと保護者への支援

　以下では、具体的に知的障害・自閉症スペクトラム・アスペルガー障害・注意欠陥多動性障害・学習障害をとりあげて支援の方法を探ることにします。発達障害には、「中枢神経系の機能障害がある」「原因は様々ですが、乳幼児期に行動特性（症状）が顕在化する」「その行動特性や症状は、周囲の人たちの適切なサポートや働きかけによって改善する」ということは忘れてはなりません。

(1) 知的障害（MR）
ⅰ) 知的障害の子どもの特徴
　知的障害というのは、知的発達面に遅れがあって、うまく意思を伝えられなかったり、通常の生活を行う上での行動や社会生活に適応できなかったりするなどの障害がある状態をいいます。文部科学省では、知的障害について「知的障害とは、記憶、推理、判断などの知的機能の発達に遅れがみられ、適応行動の困難性を伴う状態」と説明しています。保育園や幼稚園において療育手帳を持っている子どもたちの大半は知的障害があると考えられます。
　主に18歳までに発症し、発症率は人口の1％といわれていますが、そのうち半数が軽度の発達遅滞で、表現力が乏しい、不器用である、

身の回りのことに時間がかかるなどの行動から、周りの人が気づくことが多いようです。原因は染色体異常症・先天性代謝異常症・甲状腺機能低下・胎児及び新生児期の低酸素症や感染症など多彩ですが、約3分の2は原因が不明となっています。

アメリカの知的障害学会による定義（1992年改訂）では、
①知能指数が70〜75、またはそれ以下であり、
②コミュニケーション・身辺処理・家庭生活・社会的スキル・コミュニティ資源の利用・自律性・健康と安全・実用的学業・余暇・労働の10の適応技能のうち2つ以上でサポートを必要とし、
③発達期、つまり18歳までに表れるものを意味する。
④その程度については、サポートの程度による分類法が用いられ全般的・長期的・限定的・継続的支援の4種によっている。
というように整理されています。

さらに、知能検査で障害の程度が判断され、ＩＱが50 - 69を「軽度」、35 - 49を「中度」、20 - 34を「重度」、さらに、20未満を「最重度」とされています。しかし、ＩＱが70 - 80のボーダーライン、グレーゾーンの子どもにも園生活や遊び、日常生活への適応などで問題も多く、適切な療育を受けさせる必要があるといわれています。

ⅱ）知的障害の子どもへの支援の仕方

一言で知的障害といっても状態は様々です。知的発達のいろいろな面が一様に遅れている場合もあれば、不均等に遅れている場合も

あります。また、知的障害の他に言語障害や情緒障害などを伴う場合も少なくありません。

知的障害という障害そのものを医療や教育によって取り去ることは難しいといわれていますが、乳幼児期の心理的、社会的環境要因によってもたらされた知的発達の遅れについては、早期に環境条件の改善など適切な対応がなされれば、ある程度遅れの状態を取り戻すことができることがあります。障害そのものを取り去ることは困難であっても、教育的診断とそれに基づく支援とによって、障害の状態を軽減することができることもあります。つまり、持っている能力やまだ残されている能力を活用する力、生活する力、社会生活に適応する力、社会参加・自立に必要な力を育て高めることは可能であると考えられています。

知的障害があると、習得した知識・技能が偏ったり、断片的になりやすかったりして、生活に応用されにくい傾向や、抽象的な内容より具体的・実際的な内容の方が理解しやすい傾向が見られる場合もあります。知的障害の状態は一時的なものではなくある程度続くものですが、環境的・社会的条件を整備することによって、障害の状態がある程度改善されたり、変わったりすることはあり得ると考えられます。

知的障害のある子どもたちに身につけさせたい力として大切なものは、「自立」と「社会参加」の力です。遊びの面においても生活面においても、子どもの実態を正確にとらえ、できることとできない

ことを見極め、興味・関心を生かしたきめ細かなステップを踏んで計画的に根気強く支援を行うことが基本になります。

　知的障害のある子どもたちは、一般的に言語の発達も遅れている場合が多くあります。ことばのつまずきが気になる子どもへの支援も、そのつまずきの原因をしっかりととらえることが大切です。方法としては、まず耳の聞こえを確かめることが必要です。子どもと向き合って、コソコソ話をするような声の大きさで語りかけ、その反応を見ると「聞こえているかどうか」を確かめることができます。

　次の確認としては、知的な能力を確かめることです。身近な物の名前を言って、カードの中からその物を探し、指差すことができるかどうかを見ると、発話に必要な知的能力があるかどうかを確認することができます。その後、話の仕方や発音について注意しながら調べることができます。この時、保護者の子どもへの接し方は「ことばの育ち」には重要な要素になるので、しっかりと観察する必要があります。

　ことばの問題については、子どもの発達の問題とともに、保護者が気にし過ぎていたり、指導しようと過干渉になっていたりするために起こる問題も多いので、子どものことばを育てるためには、子どもとの関わりを楽しみながら「ことばのお風呂に入れてあげる」というような「ゆったり」とした関わりが基本になることを保護者に理解してもらうことが大切です。保育園や幼稚園でも、正しくわかりやすいことばで話し、挨拶なども素直に交わす雰囲気をつくるなど、子どもたちの言語活動が活発に行われるように配慮すること

が望まれます。

(2) 自閉症スペクトラム障害（ASD）
ⅰ）自閉症スペクトラム障害の子どもの特性

　自閉症は、1943年にアメリカのレオ・カナーにより初めて報告され、その特徴は、「ことばの発達の遅れ」「他人とコミュニケーションをとったり、共感し合ったりすることが困難」「特定の物・場所・行為への強いこだわりがある」といわれていましたが、1996年にイギリスのローナ・ウィングが「自閉症スペクトラム」という概念を提唱しました。それは、知的障害を伴う自閉症から高機能自閉症、アスペルガー症候群、さらに自閉性障害のない状態までを境界線を設けずスペクトラム（連続体）としてとらえる最近の新しい考え方です。自閉症やアスペルガー症候群などの診断名で分類するのではなく、多様な自閉性障害を全て包括して通常との境界線をなくした連続体としてとらえる、典型的な自閉症からアスペルガー症候群、重度の知的障害を伴う例から知的な遅れがない例まで連続したものとみなす考え方です。この概念の有用性は、教育・福祉・雇用・医療などの側面から「あるべき援助のタイプ」を考える時、自閉症かどうかの診断にこだわるよりも、自閉症に準じた援助を行えることにあります。

　文部科学省では、「3歳位までに以下の行動の特徴が表れ、他人との社会的関係の形成の困難さ、ことばの発達の遅れ、興味や関心が

狭く特定のものにこだわることを特徴とする行動の障害である自閉症のうち、知的発達の遅れを伴わないものを高機能自閉症、さらに、知的発達の遅れとことばの発達の遅れの双方を伴わないものをアスペルガー症候群」としています。原因は中枢神経系に何らかの要因があり機能不全が起こると推定されています。

　基本は、社会性やコミュニケーション機能、そして、想像力などの障害を中心とする発達障害であると理解してよいでしょう。乳児の頃から母親があやしても目を合わせようとしない、声をかけてもあまり反応しない、甘えてこない、抱っこを嫌がるなどの愛着行動が少なく、一見育てやすい子と勘違いされることもあるといいます。幼児期になると友だちに関心を示さず一緒に遊ぼうとしなかったり、表情が乏しく自分の気持ちを表現できなかったり、相手の気持ちを思いやることができなかったり、急に自分の感情をコントロールできなくなりパニックを起こしたりするようになるといわれています。

　ことばの発達が遅れることも多く、3歳を過ぎてもしゃべらないことがよくあるといわれます。保護者が呼びかけても返事をしない、自ら話しかけてこないなどの症状も見られることがあります。オウム返しがみられ、会話が成立しにくいこともよくあり、一方的なしゃべりもよく見られます。

　想像力の乏しさからこだわり行動が見られ、いつも同じ行動をとり、いつもと少しでも違っているとパニックを起こすことがあります。遊びも限定され、友だちと一緒に遊ぼうとせず、一人で同じ遊

表4 自閉症スペクトラムをとらえるためのチェックリスト

	項　目	評　価
社会性	＊あやしても喜ばない。	
	＊無表情である。	
	＊視線が合いにくい。	
	＊人が近づくと避けようとする。	
	＊ジェスチャー等で意志を伝えようとしない。	
	＊周りの人に関心を示さず、友だち関係を作れない。	
	＊友だち関係を作れない。	
	＊気に入った友だちの側ばかりに行こうとする。	
	＊協力して遊ぶことができない。	
	＊ごっこ遊びや見立て遊びができない。	
	＊集団に入れず一人遊びが多い。	
	＊周りの人が困惑するようなことも平気でする。	
コミュニケーション	＊オウム返しで話す。	
	＊聞かれたことに答えられない。	
	＊話がぎこちなく会話が成り立たない。	
	＊会話と関係の無いことを話し始める。	
	＊単調な独特な声で話すことがある。	
	＊相手や場に合わせた話し方ができない。	
	＊困っても人の助けを求めない。	
	＊普通に挨拶することができない。	
	＊抑揚をつけて話すことができない。	
	＊思い出したことばをその場と関係なく使う。	
	＊助詞をうまく使って話せない。	
想像力	＊同じ遊びを繰り返す。	
	＊いつも同じ順序出物を扱う。	
	＊特定の物や考えへのこだわりが強い。	
	＊人が興味を持たないことに異常な関心を示す。	
	＊自分だけの空想の世界で遊ぶ。	
	＊特定の分野のことをよく知っている。	
	＊環境や習慣等の変更に抵抗を示す。	
	＊とても得意なものがある。	
	＊極端に苦手なものがある。	
	＊自分なりの手順や日課に強くこだわる。	
その他特異な行動	＊手をヒラヒラさせる等常動行動がある。	
	＊極端な偏食がある。	
	＊限られた物以外は受け付けない。	
	＊パニックを起こす。	
	＊自傷行為や他傷行為がある。	
	＊長く爪先立ちをする。	
	＊独特な姿勢をする。	
	＊動作がぎこちなく不器用である。	
	＊音・匂い・色・味・触に対して敏感すぎる。	
	＊独特な上目付きをする。	
	＊飛び跳ねながらクルクル回る。	

評価：○ない、△時々ある、●よくある

びをしていることが多く見られます。また、音にも敏感で高い音や大きい音に耳をふさいだりすることがあります。以前は育て方や母子関係などが問題にされたこともありますが、現在では脳内の神経伝達機能や脳の一部の未熟性、機能異常があるのではないかと考えられています。アスペルガー障害もこの連続性の中に含まれます。

　私は、自閉症スペクトラムという情報を保育者や保護者と共有し、医師の指導を具体化するために、前頁の表4『自閉症スペクトラムをとらえるためのチェックリスト』を使い、どのような症状があるかということを関係者で確認し合いながら療育につなげています。

ⅱ）自閉症スペクトラム障害の症状
ⅱ－ⅰ）社会性の障害（対人相互反応による質的な障害、人への関わりや社会的関係形成の困難さ）
＊目と目で見つめ合う、顔の表情、身体の姿勢、身振りなど対人的総合反応を調整して行う多彩な非言語の使用や理解が困難である。
＊発達水準相応の同年齢の仲間関係をつくることが困難で一人で遊ぶことが多い。
＊楽しみ、興味、成し遂げたことを他人と共有することを自発的に求めるなど、友だちと興味や関心を共有することが難しい。
＊対人的または情緒的総合性が欠けており、友だちと気持ちの上で交流することが難しい。

〈具体的な姿〉
* 友だちと仲良くしたい気持ちはあるけれど、友だち関係をうまく築けない。
* 友だちのそばにはいるが、一人で遊んでいる。
* ゲームをする時、仲間と協力してプレイすることが考えられない。
* いろいろなことを話すが、その時の状況や相手の感情、立場を理解しない。
* することや話すことに共感を得ることが難しい。
* 周りの人が困惑するようなことも、配慮しないで言ってしまう。

ⅱ－ⅱ）コミュニケーションの障害（意思の伝達の質的な障害、ことばの発達の遅れ）
* 話しことばの発達の遅れ、または身振りやもの真似のような、代わりの意思伝達の仕方で補おうという努力をしない。
* 十分に会話のある子では、他人と会話を始めても継続することが難しく、その場に合わせた話し方ができにくい。
* 常同的で反復的なことばの使い方をしたり、冗談や比喩が通じず、気持ちのこもらない話し方や抑揚の少ない話し方をしたりすることが多い。
* 発達水準相応の変化に富んだ自発的なごっこ遊びや社会性を持ったもの真似ができない。

〈具体的な姿〉
＊喃語、ジェスチャー、指差しなどの発達の遅れやオウム返しが多い。
＊含みのあることばの本当の意味がわからず、表面的にことば通りに受けとめてしまう。
＊会話の仕方が形式的であり、抑揚なく話したり、間合いがとれなかったりする。
＊自ら話しかけることが少なく、会話を続けることが少ない。
＊物を並べるなどの遊び、ごっこ遊びや見立て遊びが苦手である。

ⅱ－ⅲ）創造力の障害（行動、興味及び活動が限定され関心が狭く特定の物にこだわる）
＊特定の物に強いこだわりがあり、限定された興味だけに熱中する。
＊特定の機能的でない習慣や手順にかたくなにこだわる。
＊反復的な変わった行動（例えば、手や指をパタパタさせたり、ねじ曲げたりするなど）をする。
＊物の一部に持続して熱中し、同じ遊びを繰り返す。

〈具体的な姿〉
＊他の子が興味ないようなことに興味があり、自分だけの特別な世界を持っている。
＊空想の世界に遊び、現実との切り替えが難しい場合がある。
＊特定の分野の知識はあるが、丸暗記しているだけで意味をきちん

とは理解していない。
＊とても得意なことがある一方で極端に苦手なものもある。
＊あることに強くこだわることによって、簡単な日常の活動ができなくなることがある。
＊自分なりの独特な日課や手順があり変更や変化を嫌がる。

ⅱ－ⅳ）その他特異な行動
＊光や音、身体接触などの刺激に対して過敏性がある。
＊常識的な判断が難しいことがある。
＊動作やジェスチャーがぎこちない。
＊問題を全体的に理解することが不得意である。
＊過去の不快な体験を思い出しフラッシュバックして、パニックなどを起こすことがある。

(3) 自閉症スペクトラム障害の子どもへの支援

　自閉症スペクトラムの子どもの行動は、中枢神経系の機能と関わって出てきているといわれているので、無理に変えようとするより受容することが基本になります。全般的に気が散りやすい傾向があるので、活動の場面では必要なもの以外は片づけ、目に触れないように机の上や身の回りは整理整頓させるようにしたり、周囲に落ち着いた世話のできる友だちを置き、子ども同士支援し合える体制をつくったりするなど、落ち着くことができる環境をつくることがまず

必要です。

　なお、医療・治療の面ではコミュニケーションスキルを伸ばすこと、他人の気持ちをイメージできる能力を育てること、適応力を育てて本人の自立を支援することを目標にしています。特に、自閉症スペクトラムでは、医師・臨床心理士・言語聴覚士・作業療法士などによる総合的な療育が必要ですが、この点については次の章で述べます。

ⅰ）やってはいけないこと
　自閉症スペクトラムといわれる子どもたちに対してきちんとした理解ができていないと、対応が対症療法的になってしまうといわれています。その中で陥りやすいこととして、「視線を合わせる練習をする」「反応するまで大声で話しかける」「相手の気持ちを考えてごらんと自閉症児に説教する」「偏食指導でいやな物を無理矢理食べさせる」「嫌いな音や嫌な匂いに慣れる訓練をする」「一人遊びや好きなおもちゃで遊ぶことを禁止する」「理解の難しい長い話で叱る」ということがありますが、これらのことは行わない方がよいでしょう。

ⅱ）音や匂いを嫌がる時
　音や匂いや色に対して過敏で嫌がったり、環境の変化に敏感で固執したり、大きな声の人を怖がったりすることに対しては、環境に

無理矢理慣れさせようとするのではなく、どのような環境が嫌なのかを観察により見極め、大きな声や音が嫌な場合には、静かな環境を保つというような配慮が必要になります。

ⅲ）パニックを起こした時

　子どもがパニックを起こした時には、慌てないで静かに落ち着ける場所に移動して冷静に対応しながら、落ち着くまで待つことが大切です。パニックを起こして最も傷つくのは本人です。このことをしっかり踏まえ、「いつ」「どこで」「誰に」「どのように」などの情報を冷静に観察してとらえ、パニックの原因を排除し、パニックを起こさないような方策をとることが必要です。

　例えば、日程の変更で水遊びができなくなって急にパニックを起こした時、保育者がその行動を制止しようとしたり叱ったりすると、子どもはますます興奮してさらに激しく暴れだすことになります。ここでは、保育者は「泳ぎたいの」「泳ぎたいのよね」というようにこの子どもの気持ちを受容しながら冷静に対応し、落ち着くまで待つようにすることが必要です。また、ケガをしないように周囲の物を片付けたり、物の少ない場所へ移動させたりするような配慮が必要になります。担当者がこの子どもにかかりっきりになるような時には、園内での協力体制も必要です。

　このような時、「あまり落ち着かないので泳がせたら」などと安易に子どもに妥協してしまうと、子は「パニックを起こすと自分の要

求がかなう」と誤った学習をしてしまうことになり、ますます頻繁にパニックを起こすようになるので注意が必要です。「泳ぎたい」という心情はしっかりと受けとめるけれども、「泳がせる」という結果にはならないよう、わがままな要求に対しては譲らないという姿勢が大切で、落ち着いたら「我慢できたね。えらいよ」と褒めるようにしていくことの方がより効果があります。

　また、ことばだけで対応するのではなく、動作やサイン、カードなど、子どもが理解できるコミュニケーション手段を使うことも効果的です。

iv）全てに自信を失っていて積極的に取り組もうとしない時

　部分的な遅れや能力の偏り、特異な行動などについて周りから理解されにくく、自分自身もそのことに気づかず、必要以上に自分の能力を過小評価したり、自信を失ったり、自発的な行動に出ることに躊躇したりしているケースが多く見られます。一見ごく普通に見えることが多いので、「努力が足りない」「やる気がない」「なまけている」と言われることがありますが、それは間違いです。このような子どもたちへの対応の基本は、無理な叱咤激励はせずに、一人ひとりの長所を伸ばし、自分には能力があると思えるようにすることです。このことによって自分に対して自信を持ち、自から積極的に周りに働きかけ、能動的な適応力を伸ばすことができるようになります。

次に、「できないこと」「できそうだけど無理なこと」「できること」をはっきりとさせて、まず、「できること」から始めることが大切です。子どもにとってはこれまでに「できないこと」や「無理なこと」「苦手なこと」ばかりに取り組まされて、嫌な思いや恥ずかしい思いばかりさせられてきて、それが無気力につながっていることを理解しましよう。まず、その子の長所を大切にし、「できること」に取り組ませ、自信を回復させることが大切です。

ⅴ）ものごとに長続きせずに気が散りすぐに飽きてしまう時
　我慢強く取り組み自発的にものごとを解決していく体験が不足しているので、ものごとにじっくりと取り組み、やり遂げた時の達成感を持たせることが必要です。そのためには、具体的な目標を立てて、小さなことでも一つひとつ成功の体験を積み重ね、できたことを一つひとつ具体的に褒めるようにしましょう。できるようになるためには繰り返し練習することが大切ですが、その場合、その子どもがあまり苦労しなくてもできるように工夫した内容でなければ、失敗や挫折感を積み重ねるということになります。そうなると欲求不満が一層つのり、周囲に適応できない行動を起こすきっかけになることがあるので、特に配慮する必要があります。

ⅵ）指示に従えなかったり、自分勝手なことをしたりする時
　ことばや状況の理解が苦手で、例えば、「お外に出ましょう」と「お

庭で遊びましょう」というのが同じ意味のことばだと理解するのに時間がかかったり、とまどったりすることがあります。

　このような子どもに対しては、その子が理解できる短いフレーズのことばを使い、同じことばで話しかけるようにするなどの工夫をすることが必要になってきます。また、目で見て理解することが得意な子どもが多いので、ことばだけでなく、実物や絵、写真など視覚を通じて伝えるようにするとよいでしょう。例えば、行事の説明をする時には、前の年の写真などを使って説明すると理解しやすいと思います。

　次の課題に移ろうとする時に嫌がる場合があるので、「今日は、これこれをやるのだけれど、どれからやろうか」というように、まず全体を示し、本人に順序を決めさせたり、課題をはっきりと持たせ、できるだけ単純な形で話をしたりして見通しを持たせるような工夫が必要です。この時、一般的なマニュアルに子どもを合わせるのではなく、本人や周りの状況に合わせながら行うのが大切なポイントになります。この時、TEACCHプログラムを参考にすると、見通しが立てやすくなるでしょう。

vi-i）TEACCHとは

　TEACCHプログラムとは、Treatment and Education of Autistic and related Communication handicapped Childrenの略で、自閉症のライフサイクルに対応した包括的な援助プログラムです。声かけや

手助けがないと、課題にとりかかれない状態になりがちな自閉症の人たちが、周りのものごとの関係を自分で理解し、自立して行動するために、環境を整理したり、わかりやすい視覚的な情報を提供したりするなど、自閉症の当事者にとって意味あるものにする手法を「構造化」と言います。

① **物理的構造化**

　決まったことはいつも決まった所でさせるようにします。余分な刺激を取り除き、その場で行われている活動がはっきりとわかるように場面設定します。部屋をツイタテなどで活動ごとに区切って活動と場所を対応させたり、同じことを行う場所を一定にしたりします。

② **スケジュールの構造化**

　一日のスケジュールを見てわかるように工夫します。本人の理解に合わせて、実物・絵・写真・文字など様々な方法で、一日の一部のみ、一日のスケジュール、週単位のスケジュールなどを視覚的に示します。いつも決まっていて一貫性のある示し方をするように注意しましょう。

③ **ワークシステムの構造化**

　それぞれの場所での活動内容を、どのくらいの時間や量にすればいいのか、どういう作業であるのか、いつ終わるのか、終わったら次に何が起きるのかを示します。特に、自閉症の子どもたちは、自由な時間に何をしてよいのかを理解しにくいので、終わったら何を

するのかを示すことが大切です。
④ 視覚的構造化
　課題を与える時は、一人で作業を進めることができるように、ことばだけでなく、目で見てわかるように、視覚的情報・視覚的指示を使って作業を進めさせる方法です。実物を示す時は、色や形を揃えて並べる配慮も要るでしょう。

　自閉症の子どもは、「かもしれない」という予測を立てて行動することが難しいです。だから、
＊ことばはわかりやすい表現で、シンプルに伝え、抽象的な曖昧な言い方はしない。
＊否定的なことばは使わない。
＊日常使うことばは統一する。
＊手順の示し方は「上から下」「右から左」などルーチン化し一定にする。
＊一方的に押しつけずに、彼らの好きなことや興味・関心のあることを探す。
ことが重要です。

(4) 注意欠陥多動性障害（ADHD）
ⅰ) 注意欠陥多動性障害の特徴
　注意欠陥多動性障害とは、注意力の不足、落ち着きのなさ、衝動

性をコントロールすることの難しさなどを特徴として、集団生活を始める3～4歳頃から行動特性が目立つようになります。文部科学省の定義では、「年齢あるいは発達に不釣合いな注意力や衝動性、多動性を特徴とする行動の障害で、社会的な活動や学業の機能に支障をきたすものである。また、7歳以前に現れ、その状態が継続し、中枢神経系に何らかの要因による機能不全があると推定される」となっています。

この子どもたちには知的な障害や自閉症などは認められません。原因としては、脳の神経生理学的な状態で、ドーパミン（注1）・ノルアドレナリン（注2）・セロトニン（注3）という脳内神経伝達物質の分泌に問題があるといわれています。最近の画像診断の発達により、前頭葉の前頭前野（注4）と呼ばれる部分の機能が低下していることが観察されています。

3歳過ぎから症状がはっきりしてきますが、幼児期ではすぐ迷子になる、人見知りしない、自分勝手な行動をする、絵本を読んでもじっくり聞くことができない、などの症状が見られます。幼児期から学童期では落ち着きがなくじっとしていられず、特に、慣れない場所や刺激の多い場所では興奮して走り廻る、我慢ができない、順番が待てない、友だちのおもちゃを黙って取りあげる、衝動的な行動をしがちでパニックになりやすい、怒られるとすぐキレる、注意力がなくスポーツも苦手でバランス感覚が悪い、などの症状が見られるのが特徴です。

注1）脳を覚醒させ、集中力を高め、ストレスの解消や楽しさ心地よさといった感情を生み出す働きを持っています。これが不足すると、物事の関心が薄らぐなどの精神機能の低下、運動機能の低下、パーキンソン病になります。過剰だと、ドーパミンが過剰に放出されると統合失調症（幻覚、幻聴、パラノイアなど）、トゥレット症候群（意識しないのに顔や頭が勝手に動く、のど鳴らし、汚いことばを発する）、過食を引き起こすと考えられています。

注2）意欲・不安・恐怖と深い関係がある神経を興奮させる物質。これが不足すると、無気力、無関心、意欲の低下、うつ病の原因となります。過剰過ぎると、躁状態を引き起こします。

注3）他の神経伝達物質であるドーパミン、ノルアドレナリンなどの情報をコントロールし精神を安定させる作用があります。セロトニンは夜間に多く分泌されるホルモン、メラトニンへと代謝されることからセロトニンが睡眠の周期性に関係しているといわれています。これが不足すると、うつ状態やパニック発作、摂食障害などを引き起こします。また、起床後も覚醒状態をうまくつくれず、その後も調子がでない状態や感情のブレーキが効かなくなり、攻撃的になりやすくなります。過剰すぎると、精神の錯乱、発汗、発熱、振るえなどを引き起こします。

注4）脳のほかの領域を制御する最も高次な中枢で額のちょうど裏側にあり、人間の大脳皮質の約30％を占めています。その働きは、「思考する」「行動を抑制する」「コミュニケーション（対話）する」「意思を決定する」「情動（感情）を制御する」「記憶をコントロールする」「意識・注意を集中する」「注意を分散する」「意欲を出す」という、まさに人間を人間たらしめている高次の機能部分です。

ⅱ）注意欠陥多動性障害の行動特性

　注意欠陥多動性障害の子どもには、「不注意性（注意力不足）」「多動性（落ち着きのなさ）」「衝動性（衝動的な言動をコントロールすることの難しさ）」という行動特性があり、それぞれの現れ方の強さによって、「不注意型」「多動型」「衝動型」とその「混合型」に整理することができます。

①不注意型

　3つの行動特性のうち「不注意性」が最も強く現れるタイプで、物

忘れが多く、ものごとに集中できない特徴がありますが、おとなしいために、目立たないので、障害に気づかれにくいです。
＊一つの事柄に注意が集中できなくて気が散りやすい。
＊持ち物をよくなくす。
＊保育者の話を聞いていないことが多い。
②多動型
　3つの行動特性のうち「多動性」が最も強く現れるタイプで、落ち着きがなく、授業中に歩き廻ったりします。身体が大きく動く「多動型」と、いつも上体のどこかがソワソワと動いている「多活動型」という2つのタイプがあるといわれています。
＊注意しても席を離れたり、座っていても手足を動かしたりしていることが多い。
③衝動型
　3つの行動特性のうち「衝動性」が最も強く現れるタイプで、些細なことでカッとなり、友だちと喧嘩することがあります。大人から注意されることも多いようです。
＊順番が待てない。
＊おしゃべりがおさえられない。
＊よく考えないで行動してしまい事故に遭いやすい。
＊些細なことで興奮してしまう。
＊我慢ができにくいので、友だちの遊びを邪魔するように見られてしまう。

表5 注意欠陥多動性障害をとらえるためのチェックリスト

	項　　目	評　価
不注意性	＊注意を払えず追視できない	
	＊話す人を見て話を聞けない。	
	＊同じことを失敗してよく注意される。	
	＊ものごとに集中できない。	
	＊気が散りやすい。	
	＊指示を理解して従うことができない。	
	＊片づけができない。	
	＊物の置いた所をすぐに忘れる。	
	＊探し物を見つけられない。	
	＊よく物忘れをする。	
多動性	＊じっと座っていることができない。	
	＊いつも体を動かしている。	
	＊そわそわして落ち着きがない。	
	＊部屋からフラフラ出ていく。	
	＊異常にはしゃぎ興奮する。	
	＊平気で高い所に登り跳び降りる。	
	＊話を最後まで聞けず途中で答える。	
	＊反則をしてでも勝とうとする。	
	＊人の遊びを邪魔する。	
衝動力	＊突然飛び出す。	
	＊突然物を投げる。	
	＊気に入らないと暴力を振るう。	
	＊我慢ができにくい。	
	＊急に走りだす。	
	＊危険な行動をする。	
	＊動きが激しい。	
	＊いつも一番になりたがる。	
	＊譲り合いながら遊べない。	
	＊人の話が終わる前にしゃべり出す。	
	＊列に並んで順番を待てない。	

評価：○ない、△時々ある、●よくある

ⅲ）注意欠陥多動性障害の子どもへの支援

　注意欠陥多動性障害のある子どもに「気になる行動」が続くと、保護者はつい子どもに厳しい対応をしがちになります。そうすると、子どもは保護者に対してネガティブな感情を持つことになり、親子の信頼関係をつくることができません。子どものしている行動は、子どもにはどうしようもない障害こそが真の原因であることを理解して、保護者は子どもの「気になる」行動に対して受容的に対応することが望まれます。

ⅲ－ⅰ）何度注意しても言うことを聞くことができない時

　気になる行動が続くと、「またしたの」「何度言ったらわかるの」と子どもに厳しい対応をしがちになります。すると、子どもは「先生は、怒ってばっかり」という気持ちになり、信頼関係をつくりにくくなってしまいます。子どものしている行動は「わざとではない」ということを思い起こして、おおらかな気持ちで接するようにすることが大切です。

　医師の判断で治療に薬を使うことがありますが、臨床心理士や言語聴覚士、作業療法士による作業や遊びを取り入れた療育で意欲や自信を持たせることができます。また、サポーターとしての保護者に対してはペアレントトレーニングなどの療育も必要になるでしょう。

　ペアレントトレーニングとは、子育てに取り組む大人が、その役割を積極的に引き受けていくことができるようになるため、子ども

の「して欲しくない行動」や「して欲しい行動」などに焦点をあて具体的にどのような対応ができるかを学び、その基本的な考え方は、「望ましくない行動は無視」「できない行動には手助け」「できるようになったら褒める」「体罰は使わない」で、トレーニングを通して、大人と子どもの間のよりよい関係づくりを学び、大人としての自信を積み重ねていくプログラムのことです。

ⅲ－ⅱ）保育者の話に集中できない時

　話をする時には、実物や絵など興味をひくような物を準備し、保育者の顔の近くでその物を見せるようにすると、保育者のお話に集中しやすくなります。また、時折子どもの名前を呼んで集中できるよう配慮したり、話を短くしたり、工夫することが大切です。さらに、気が散りやすいという特徴があるので、部屋の環境を整えることも大切です。したがって、必要ない物はできるだけ片づけるようにすることが望ましいです。

ⅲ－ⅲ）嫌なことに対して我慢をすることができない時

　我慢することが苦手な傾向がありますが、短い時間なら我慢できるので、「10数えるまで待って」とか「あと二人だから待って」などと、それぞれの子どもに合った我慢の目安を示すとよいでしょう。我慢できるだろうと思われる長さから始めること、我慢できたら必ず褒めて自信を持たせるようにすることが大切です。

ⅲ－ⅳ）友だちとのトラブルなど注意しなければならない時

　たくさんの内容をくどくどと叱っても、どうすればよいのかという大切なことが子どもには伝わりません。ダメなこととよいことをはっきりとわかるように伝えることが必要です。また、叱る時はその子個人に短く叱り、良い時にはみんなの前できちんと褒めるようにするという配慮も必要です。

　家庭や地域、保育園や幼稚園そして学校は、表6のような対応に心がけることによって、子どものストレスを軽減することができます。

表6　家庭や地域、園や学校の配慮

家庭や地域	＊片づけられない。	片づける場所を解り易く示す（トレイや箱、表示）。
	＊支度に時間がかかる。	本人とスケジュールを決めて、手順表を作成する。
	＊活動に時間がかかりやめない。	タイマーや砂時計を活用し、終わりを明確にする。
	＊近所の友だちとトラブルを起こす。	地域の人の理解をはかる。遊ぶ時の約束をつくる。
	＊興奮しやすい。	「お菓子は一つだけ」など、出かける前の約束と確認をする。
	＊約束を守れない。	約束の見直し。できたことは褒める。ご褒美を用意する。
園や学校	＊部屋に入らない。	その子が落ち着けるスペースを確保してやる。
	＊攻撃行動がある。	まず、原因を把握する。叱る時は落ち着いてから、「どうすべきだったか」を例示して具体的に話す。
	＊先生の話を集中して聞けない。	集中を妨げる座席の位置や掲示物に配慮する。視覚的に図示したり、具体的に見せたりする。
	＊課題に取り組めない。	課題を少しずつにわける。興味・関心のあることを用意する。
	＊思い通りにならないと興奮する。	パニックになる前に気づくようにする。気持ちを切り替えさせたり、褒めたりしてパニックを未然に防ぐ工夫をする。
	＊気持ちをことばで表現できない。	選択肢を与えて気持ちを引き出す。

(5) 学習障害（LD）
ⅰ）学習障害の子どもの特徴

　学習障害（LD）とは、知的障害はないのに、ことばの読み書きや計算、図形理解などが極端に不得意な状態をさし、一生懸命に取り組んでいるのに上手くできないので、本人も悩んだり、自信をなくしたりしがちになります。文部科学省の定義では、「基本的には全般的な知的発達に遅れはないが、聞く、話す、読む、書く、計算するまたは推論する能力のうち、特定のものの習得と使用に著しい困難を示す様々な状態を指す」とされています。障害が明らかになってくるのは就学後で、次のような行動が見られます。

＊聞き返しが多い。
＊ことばがスムーズに出にくい。
＊文字や数字に関心を示さない。国語では文字の形が区別できない。正確に文字を読んだり字を書いたりできない。算数では簡単な足し算ができない、九九が覚えられない、など。
＊絵が描けない。
＊不器用で体のバランス感覚が極端に悪い。
＊対人関係や集団行動にも問題があることがあり、前述の注意欠陥多動性障害（ADHD）を合併していることもある。

表7　学習障害をとらえるためのチェックリスト

項　　　目	評　価
＊簡単な単語の意味を取り違える。	
＊指示に従うことができず、戸惑う。	
＊聞き違いが多く聞いたことを覚えられない。	
＊ちょっとした雑音でも注意がそれる。	
＊友だちとの話し合いについていけない。	
＊相手が聞いて分かるように話せない。	
＊特定の音節の発音ができない。	
＊助詞をうまく使って話せない。	
＊経験したことをうまく話せない。	
＊年齢不相応な幼児語を使う。	
＊自分の意見を的確なことばで表せない。	
＊形や文字の弁別ができない。	
＊簡単な折り紙ができない。	
＊枠に入れて形や字を書けずはみ出す。	
＊指示した物を指で押さえることができない。	
＊物を並べる時に間違いが多い。	
＊継ぎ足（タンデム歩行）で歩けない。	
＊極端に不器用で体のバランス感覚が悪い。	

評価：○ない、△時々ある、●よくある

ⅱ）学習障害の子どもへの支援

　学習障害の疑いのある子どもには心理検査を行い、どのような問題があるかを探ります。その結果や教育現場での観察により、個別に不得意な分野を補い、得意な分野を伸ばしていく必要があります。臨床心理士や言語聴覚士、作業療法士によるサポートも必要になることがあります（次章）。

ⅱ-ⅰ) **指示されたことを何度も聞き返して取り組むことができない時**
　学習障害の子どもたちは何度も聞き返したり、ことばがスムーズに出なかったりするので、「何度も言ったよ」「もう一回言ってごらん」と注意されることが多くみられます。そのために、自信をなくして話さなくなるなど引っ込み思案になってしまうことがあります。聞き返されたらやさしいことばで再度説明する、話につまっていたら正しいことばで言って聞かせるなど、気長に対応することが必要です。

ⅱ-ⅱ) **自信が持てず時間がかかってなかなかできない時**
　子どもの日常の生活をよく観察して、自分でできる得意そうなことを見つけだし、そのことに取り組ませながら自信を持たせるようにすることが必要です。その際、子どもが興味・関心を持っているものや好きなものなどの中にその子の得意なものが隠されていることが多いので、その中から選び出し、意欲を引き出し前向きな態度を育てながら自信を持てるようにします。意欲を失っている子どもは、ものごとに取り組んで何かができるようになるには時間がかかるので、できるようになるまで諦めずに、励ましながら具体的にゆっくりと時間をかけ丁寧に支援していくことが必要です。そして、苦手なことや不得意なことには、無理をせず励ましながらゆっくりと何度も練習することが大切です。

ⅱ-ⅲ) **とても不器用で作業が遅い時**
　学習障害の傾向のある子どもたちは不器用で作業が遅いことが多

く、グループの中でしばしば足手まといになります。そのためにクラスの中での競争などでは、その子がいるために他のグループより遅れてしまい、グループの中で非難の対象となることがあります。そこで、集団での活動においては、お互いに励まし合い、助け合う温かい友だちづくりが必要になってきます。また、このような子どもは、引っ込み思案になりがちなので、周りに対して安心して自分をさらけ出していけるような環境づくりをすることも必要になります。一人ひとりの子どもが人間として大切にされ、一見不器用に見えるようなことも個性として認めてもらえるような環境の中で、明日へのエネルギーを蓄積していくことができるようにしたいものです。

(6) 支援の実際

　発達全体としては年齢相応の姿が見られ、特段遅れているという面は見られないが、同年齢の子どもたちとは極端に異なった行動特性を見せる子どもがいる場合、特に、集団行動を伴う保育の中では、その行動がトラブルを起こす原因になることが多く、スムーズに保育活動に入れなかったり、子ども同士のトラブルに発展したりすることが多くなります。

　その気になる行動を取りあげて分類し、何がどの程度気になっているのかを共通の情報として整理したものが、次頁の表8『行動チェックシート（3歳未満児）』と表9『行動チェックシート（3歳以上児）』です。ここでは特に、表9の3歳以上児については、表に示してい

表8 行動チェックシート（3歳未満児）

領域	行動の特徴	ない	時々ある	よくある
ことば	＊会話が成り立たない。			
	＊オウム返しがある。			
	＊喃語が出ない。			
行動	＊多動である（部屋中を走り廻る）。			
	＊噛みつく。			
	＊物を投げる。			
	＊奇声をあげる。			
	＊追視しない。			
	＊手をヒラヒラさせる。			
	＊高い所に登ることが好き。			
	＊人を突き飛ばす。			
	＊急に飛び出す。			
	＊指先を見つめることが多い。			
	＊トラブルの場面でしつこく奇声をあげる。			
	＊ことばでの表現がほとんどなく、泣き叫ぶ。			
	＊身体がそり返るほどの力を入れて泣き叫ぶ。			
	＊少しのあいだ座って待つことができない。			
	＊常にウロウロしている。			
こだわり	＊パニックを起こす。			
	＊シールの貼り方にこだわる。			
	＊特定のおもちゃに固執する。			
	＊味覚過敏（特定の食べ物を絶対に受けつけない）。			
	＊指先の汚れが少しでも気になり、汚れがとれるまで次の行動ができない。			
関わり	＊目が合わない。			
	＊呼び名反応がない。			
	＊後追いをしない。			
	＊人の関わりに対して反応がない。			
	＊指さししない。			
	＊無表情である。			
	＊返事をしない。			
	＊人見知りしない。			
	＊初対面の人でもすぐに抱かれに行く。			
	＊読み聞かせの場面で対面に座らない。			

表9 行動チェックシート（3歳以上児）

領域	行動の特徴	ない	時々ある	よくある
関わり・こだわり	＊視線が合いにくく、人への関わりが乏しい。			
	＊集団に入らず一人遊びが多い。			
	＊興味や関心が狭く、特定の物にこだわる。			
	＊自傷行為があったり、パニックを起こしたりする。			
	＊周りの人が困惑するようなことも平気である。			
	＊手をヒラヒラさせたり、飛び跳ねたり等常同行動がある。			
	＊音や色や匂いや味に敏感過ぎる。			
	＊極端な偏食があり、限られた物以外は受けつけない。			
	＊触られるのを極端に嫌がる。			
	＊オウム返しや独特な声ではなすことがある。			
注意・集中	＊ものごとに集中できず、気が散りやすい。			
	＊遊びが長続きしない。			
	＊話を聞いていない。			
	＊注意を払えない。			
	＊言われた通りのことができず、指示に従えない。			
	＊物をよくなくす。			
	＊気が散りやすい。			
	＊探し物が見つけられない。			
	＊物忘れをする。			
動き・衝動	＊いつもソワソワしていて体を動かしている。			
	＊動きが激しく、部屋から飛び出していったりする。			
	＊走り廻ったり、高い所に登ったり、飛び降りたりする。			
	＊周りが困るほどに騒ぐ。			
	＊目的の場所にいないことが多い。			
	＊話を最後まで聞けず、途中でしゃべりだす。			
	＊一番になりたがり、反則をしてでも勝とうとする。			
	＊他人の邪魔をして、ルールを守れずトラブルが多い。			
	＊突然飛び出したり、物を投げたりする。			
	＊気に入らないと噛みついたり、たたいたりと暴力を振るう。			

るように発達障害との関連で「DSM-Ⅳ精神疾患の分類と診断の手引き」の項目などを参考に、関わり・こだわりは広汎性発達障害（PDD）、注意・集中、動き・衝動は注意欠陥多動性障害（ADHD）と関連づけて作成し、医療との連携もはかれるように配慮しました。

　特に行動が気になる子どもに対しては、表8と表9の2つの「行動チェックシート」を用いて行動のつまずきをチェックし、実際の生活の中でどこがどのように困っているかを保育者間で共通の理解をする必要があります。一人ひとりの子どもの行動のつまずきに対して具体的な対応ができるようにするため、私はこれまでの経験や文献、人から聞いた話などをもとに、『気になる行動に対する事例』を集めてきました。その一例が表10です。

　ある園では、子どもに「気になる」ことが見つかると、気になる内容を記録し、大判の封筒に入れ、園の職員全員に助けを求めるようにしました。それを見て支援のためのアイディアのある人は、その答を封筒に入れます。助けを求めた人は、その封筒の中に入っている答を仮説として受けとめ、保育実践に取り組むのです。そのようにして対応のマニュアルを作成していったものが『気になる子どものQ&A事例集』で、これはファイル形式になっていて、これまでのものは全て累積されるようになっています。通常では、具体的な対応にあたって多くの職員がその『気になる子どものQ&A事例集』を活用しながら日常の保育を行っています。

　以下では、その中からいくつかの事例を紹介してみましょう。

表10　気になる行動の事例

事例	食べ物に関して警戒心が強く口に入れようとしない子 （男児＊2歳11ヶ月）
予想される原因	＊行動チェックによると、「こだわり」「関わり」に10項目に「常にある」にチェックがあり、4項目に「時々ある」が付いている。また、「ことば」の項目でも、「会話が成り立たない」等にチェックが付いていることからみて、自閉症スペクトラムの傾向性がうかがえる。 ＊現在、2歳11ヶ月ということから、年齢的にはまだ判断しにくい境界域にあるが、継続的に観察する必要がある。
保育者の対応	＊事例としては、食べ物に関する警戒心が課題にされているが、そのこととともに行動チェックリストで浮び上った幅広い行動の特徴についても配慮が必要になるであろう。 ＊口への触覚防衛も考えられるので、口のボディーイメージを育てるために、一口サイズを提示していきながら、たくさん口に押し込んでいかないことを知らせて、安心感を持たせるようにしていく。また、食事の時は、常に保育者が側についていて、恐怖感を取り除くようにする。 ＊口に物を恐怖感なく入れられるようになったら、奥歯にスティック状の物を乗せて、咀嚼を誘発したり、頬や上顎、舌の横や裏などを歯ブラシでタッチしたりして刺激を与えるようにする。 ＊ここでは、あくまでも自閉症スペクトラムという可能性を考慮して、無理矢理に食べさせるということはしないようにする。

ⅰ）発達のつまずきが気になる子ども
【事例1】A児（男児・4歳8月）年中児
　A児は、療育手帳を持っており、混合クラスに入園した知的障害のある男児です。医師によってダウン症と診断されており、歩行が可能になったのは3歳後半の頃であったといいます。園で活動の様子を観察してみると、階段やちょっとした段差は、援助がなければ登ったり降りたりすることができず、まだ歩行が安定している状況ではありませんでした。
　適切な保育支援を行うために、A児には2歳児と3歳児の「年間指導計画」の内容を参考にして82〜83頁の表11の『A児の年間保育計画』を立て、対応することにしました。
　保護者もA児の発達上のつまずきと支援の必要性についてはよく理解し、とても協力的であったので、園としてもA児に無理な課題は与えないよう、「慣らしの保育」をゆっくりと進めることを提案できました。そのため、A児も園の生活に馴染み、喜んで園に通ってくるようになりました。園では、なるべく慣れた一人の保育者が関わるようにし、安心できる環境づくりに心がけました。A児の気持ちを受容し、歩く時は常に横につくように、個別の配慮を行いながら保育を進めました。
　10月に行われる運動会へ向けて、他の子どもたちと共にかけっこの練習を進める中で、つまずいて座り込んだりすることが何度かありましたが、友だちから声援をもらうとそれに応えようとし、最後

まで自分の足でゴールまで歩いて行くことができるようになっていきました。

　食事に関しても、友だちと同じ机に座り、自分でスプーンやフォークを使って食べることができるようになっていきました。

　ことばに関しては、友だちの名前を覚え、自ら友だちの名前を呼ぶ姿も見られるようになっていきました。しかし、まだ、自分の気持ちをことばで表現することは難しく、「嫌」など、簡単なことばでの意思表示をするという段階にとどまっています。

表11　A児の

単元	4月	5月	6月	7月	8月	9月
	仲良く	温もり	笑顔で	好奇心	きらきらと	思いやり
期	1期（4〜5月）			2期（6〜8月）		

養護	ねらい（基礎的事項を含む）	*身の回りのことを自分で行おうとする。 *新しい環境に慣れ、安定して過ごす。 *保育士の援助の下、身近な遊びに興味を示して遊ぶ。 *友だちに自分の気持ちを伝えようと、簡単なことばのやりとりをする。	*援助されながら簡単な身の回りのことを少しずつようとする。 *保育士を交えながら、友だちと好きな遊びを楽しむ。 *自己主張のぶつかり合いの中で、少しずつ相手の気持ちに気づく。 *夏ならではの遊びを経験する。
教育	保育の内容（生活・人とのかかわり・遊び）	*友だちと一緒に食事をすることに慣れる。 *楽しい雰囲気の中でこぼしながらも、スプーンやフォークを使って食べようとする。 *医師に自分の名前を言おうとする（2期より移動） *一人でトイレに行き、排泄をする（3歳児）。 *できないところは保育士の援助を受けながら衣服の着脱を行う。 *保育士に見守られながら手洗いをする。 *保育士と一緒に戸外遊びを楽しむ。 *自分の好きな遊びを見つけて遊ぶ。 *自分の置き場所を知り、保育者と一緒に持ち物を片づける。 *身近な春の自然に触れて遊ぶ。 *挨拶や自分の要求をことばや身振り、手振りで伝えようとする。 *絵本や紙芝居を読んでもらったり、見たりする。 *色々な生活用具や素材に触れ、探索する。	*スプーンやフォークを使って、自分で食べる満足感を味わう。 *簡単な衣服の着脱を自分でしようとする。 *食後の歯磨きやクチュクチュうがいをする。 *保育士に見守られ、安全な遊具の使い方をして遊ぶ。 *玩具や身の回りにある物の名称や使い方に関心を持つ。 *保育士や友だちと一緒に水・砂・土に触れて遊ぶ。 *保育士や友だちの名前と生活に必要な簡単なことばがわかり自分の思いをことばで伝える。 *色々な素材に触れて触感を楽しんだり、パスで描いたりする。
	食育	*保育者や友だちと一緒に簡単な手遊びや触れ合い遊びをする。 *楽しい雰囲気の中、友だちや保育士と一緒に食べる。	*保育者や友だちと一緒に体を動かしたり、踊ったりして楽しむ。 *色々な食べ物を見る、触れる、口に入れてみるなどの経験を通して自分で食べようとする。

年間保育計画

10月	11月	12月	1月	2月	3月
努力	自信	楽しく	元気に	豊かに	希望
3期（9〜12月）			4期（1〜3月）		
＊自分でできることに喜びを感じ、簡単な身の回りのことは自分でしようとする。 ＊体をたくさん動かす楽しさを感じる。 ＊身近な自然に触れながら、保育士や友だちと遊ぶことを楽しむ。 ＊じっくりと一つの遊びを楽しむ。			＊保育士を仲立ちとして、ことばのやり取りをする中で友だちとの関わりを広げる。 ＊簡単な決まりや約束がわかり、友だちと楽しく遊ぶ経験をする。		
・・・・・・・・・・・・・・・・・・・・・・・・・・・・・・・・⇒			・・・・・・・・・・・・・・・・・・・・・・・・・・・・・・・・⇒		
＊苦手な物も保育士に励まされながら少しずつ食べようとする。 ・・・・・・・・・・・・・・・・・・・・・・・・・・・・・・・・⇒			＊医師に自分の名前が言え、お礼を言おうとする。		
＊衣服をたたむことに興味を持ち、自分でしようとする。 ＊戸外遊びの後には、手洗いやうがいをし、汚れた衣服は着替えようとする。			＊衣服の前後・裏表に気づき、自分で直そうとする。 ＊鼻水が出ていることに気づき、自分で拭こうとする。		
＊登る、降りる、跳ぶ、くぐる、押す、引っぱるなどの全身を使った遊びや、いじる、たたく、摘む、転がすなど、手や指を使う遊びを楽しむ（1歳児）。 ＊生活には必要なルールがあることに気づき、保育者に促され持ったり譲ったりする。 ＊散歩などを通して、身近な秋の自然物に触れて遊ぶ。			・・・・・・・・・・・・・・・・・・・・・・・・・・・・・・・・⇒ ＊保育者と一緒に簡単な手伝いや片づけを喜んでする。 ＊冬の自然事象に興味を持ち、触れて遊ぶ。		
＊保育士や友だちと簡単なごっこ遊びをする中で、ことばのやり取りを楽しむ。			＊経験したこと、考えたことなどをことばで伝える。		
・・・・・・・・・・・・・・・・・・・・・・・・・・・・・・・・⇒			＊繰り返しのある絵本や紙芝居などを見たり、聞いたりして、イメージして遊ぶ。		
＊身近な素材を使うことに興味を持ち、できた物に意味づけをして遊ぶ。 ＊友達と一緒に歌ったり、踊ったり、体を動かしたりして、表現して遊ぶ。 ＊ままごとや買い物ごっこを通して、食べ物への関心を深める。			＊色々な素材をちぎったり丸めたり、貼ったりして、イメージして遊ぶ。 ＊保育者や友だちと一緒に絵本の内容をイメージして、真似ごっこ遊びをして楽しむ。 ＊箸を使い、こぼさずに食べようとする。		

ⅱ）行動が気になる子ども
【事例2】B児（男児・1歳8月）1歳児クラス
　B児は、入園した当初は、園生活に慣れず一日を通して泣いていることが多く、欠席することが多かったため、その実態を十分にとらえることができずにいました。
　次年度の7月に入り、園生活には慣れ、活動も他児と同じようにスムーズに入れるようになってきましたが、それと同時に「目が合わない」「呼びかけても反応がない」「白ご飯は食べるが、他の食材は極端に嫌がる」「午睡前、自分で髪の毛を抜き取り確認する」などの行動が目立つようになりました。
　そこで、B児の行動を未満児用の「行動チェックシート」でチェックしたところ、表12に示すように、「こだわり」と「関わり」の部分で気になる行動が多いことがわかりました。

　B児には、『気になる子どものQ＆A事例集』の中から適していると思われる事例を探し、対応していきました。具体的には、79頁の表10に示したように歯ブラシを使って口を刺激し、口の機能を育てていくことを行いました。その結果、食べられる食材が増え、苦手な物も以前のように極端に嫌がることは少なくなりました。

2章 「気になる」子どもと保護者への支援

表12 B児の行動チェックシート

領域	行動の特徴	ない	時々ある	よくある
ことば	＊会話が成り立たない。			✓
	＊オウム返しがある。	✓		
	＊喃語が出ない。		✓	
行動	＊多動である（部屋中を走り廻る）。		✓	
	＊噛みつく。	✓		
	＊物を投げる。		✓	
	＊奇声をあげる。			✓
	＊追視しない。		✓	
	＊手をヒラヒラさせる。	✓		
	＊高い所に登ることが好き。	✓		
	＊人を突き飛ばす。		✓	
	＊急に飛び出す。	✓		
	＊指先を見つめることが多い。		✓	
	＊トラブルの場面でしつこく奇声をあげる。			✓
	＊ことばでの表現がほとんどなく、泣き叫ぶ。			✓
	＊身体がそり返るほどの力を入れて泣き叫ぶ。			✓
	＊少しのあいだ座って待つことができない。		✓	
	＊常にウロウロしている。		✓	
こだわり	＊パニックを起こす。		✓	
	＊シールの貼り方にこだわる。	✓		
	＊特定のおもちゃに固執する。			✓
	＊味覚過敏（特定の食べ物を絶対に受けつけない）。			✓
	＊指先の汚れが少しでも気になり、汚れがとれるまで次の行動ができない。			✓
関わり	＊目が合わない。			✓
	＊呼び名反応がない。			✓
	＊後追いをしない。		✓	
	＊人の関わりに対して反応がない。			✓
	＊指さししない。			✓
	＊無表情である。		✓	
	＊返事をしない。			✓
	＊人見知りしない。		✓	
	＊初対面の人でもすぐに抱かれに行く。			✓
	＊読み聞かせの場面で対面に座らない。			✓

【事例3】 C児（女児・5歳6月）年長児

　年度が変わって年長児となったC児は、入園以来、気になる行動が多くありました。父子家庭ということもあり、家庭内における「精神的な不安が原因かもしれない」とその都度、園での気になる行動と家庭生活とを関連させながら検討し対応をしてきました。しかし、就学を間近に控え、このまま就学させることに対して不安を感じたため、気になる行動をこれまでの担当者が話し合い、3歳以上児の「行動チェックシート」を用いて整理しました。

　すると、表13の『C児の行動チェックシート』に見られるように「注意・集中」の項目の全ての項目が「よくある」となり、「動き・衝動」の項目は、「よくある」が6項目で「時々ある」が2項目、合わせて8項目にチェックが入り、注意欠陥多動性障害と同じような傾向が確認できました。

　それ以外にも、排泄の失敗が多く、保育者が気づいて声をかけるまで、下着が濡れたままでも気づかずに過ごしていたり、自分が着替えたかどうか、カバンの中を見なければ判断できないことがあったり、手にした物は誰の物でもすぐに口に持っていって舐めたりと、基本的生活習慣の発達においても気になる行動が多く、園だけの支援では十分な対応ができない面があることがわかりました。

　そこで、様々な機会を通して専門機関との連携の必要性を保護者に説明していくようにすることを担当者の間で確認しました。

表13　C児の行動チェックシート

領域	行動の特徴	ない	時々ある	よくある
関わり・こだわり	＊視線が合いにくく、人への関わりが乏しい。	✓		
	＊集団に入らず一人遊びが多い。	✓		
	＊興味や関心が狭く、特定の物にこだわる。	✓		
	＊自傷行為があったり、パニックを起こしたりする。	✓		
	＊周りの人が困惑するようなことも平気である。			✓
	＊手をヒラヒラさせたり、飛び跳ねたり等常同行動がある。			✓
	＊音や色や匂いや味に敏感過ぎる。			✓
	＊極端な偏食があり、限られた物以外は受けつけない。	✓		
	＊触られるのを極端に嫌がる。	✓		
	＊オウム返しや独特な声ではなすことがある。	✓		
注意・集中	＊注視できない。			✓
	＊ものごとに集中できず、気が散りやすい。			✓
	＊遊びが長続きしない。			✓
	＊話を聞いていない。			✓
	＊注意を払えない。			✓
	＊言われた通りのことができず、指示に従えない。			✓
	＊物をよくなくす。			✓
	＊気が散りやすい。			✓
	＊探し物が見つけられない。			✓
	＊物忘れをする。			✓
動き・衝動	＊いつもソワソワしていて体を動かしている。			✓
	＊動きが激しく、部屋から飛び出していったりする。			✓
	＊走り廻ったり、高い所に登ったり、飛び降りたりする。			✓
	＊周りが困るほどに騒ぐ。			✓
	＊目的の場所にいないことが多い。			✓
	＊話を最後まで聞けず、途中でしゃべりだす。			✓
	＊一番になりたがり、反則をしてでも勝とうとする。		✓	
	＊他人の邪魔をして、ルールを守れずトラブルが多い。		✓	
	＊突然飛び出したり、物を投げたりする。	✓		
	＊気に入らないと噛みついたり、たたいたり暴力を振るう。	✓		

本児の性格は、明るく、人懐っこく、友だちの中にも自ら入っていくことができるので、その良い点を伸ばしつつ、気になる点を減らしていけるようにと、注意欠陥多動性障害といわれる子どもたちへの支援を集めている『気になる子どものＱ＆Ａ事例集』を参考に、関係者で話し合いを持ちながら対応していきました。
　また、本児については、小学校での就学児説明会において、専門機関との連携について特に指摘されたことをきっかけにして、保護者との面接相談を進め、療育センターとの並行通園をするようになりました。

ⅲ）情緒面が気になる子どもへの対応
　情緒面が気になる子どもへの対応としては、緘黙・吃音・チック・登園拒否などの問題と家庭の問題に関わるものとがあげられてきました。ここでも緘黙などの問題については、『気になる子どものＱ＆Ａ事例集』の中に項目を立てて対応マニュアルを作成し、事例を収集しながらそれぞれの保育者で共有して活用できるようにしていきました。
　一方、虐待やネグレクトが原因で情緒不安になっている子どもたちは、それぞれの子どもたちの家庭状況によって対応の仕方が大きく異なるので、個々の子どもたちに合わせたきめ細かな対応が求められます。その際、保育者一人だけの判断ではなく、必ず他の職員と複数になって相談しながら対応するようにしていきます。

また、家庭の問題や保護者自身に医療的な問題などがある可能性を念頭におき、保護者への接し方、話し方には十分注意することが必要です。

このような子どもたちに対しては、保護者からの情報以外には、その背景を知りえない場合が多いので、保育者がカウンセリングマインドを意識して聞き上手になり、保護者に話しやすい雰囲気を提供することも重要だと考えています。

また、家庭において子どもを観察する視点として、表14の『気になる子どもの10ないチェック』を提案して、日頃から家庭での子どもの様子について関心を持つように注意を喚起しています。これらの項目のうち5以上のチェックが入ったら保護者は保育者に、保育者は保護者に連絡するようにしています。

表14　気になる子どもの10ないチェック

行動の特徴	
① 生気がなくておとなしい。	
② 笑顔が見られない。	
③ 自己主張がない。	
④ 好奇心を示さない。	
⑤ 親から離れようとしない。	
⑥ 外に出たがらない。	
⑦ 友だちの中に入れない。	
⑧ 食欲がない。	
⑨ 話しかけてこない。	
⑩ 手伝いをしたがらない。	

iv）成果と課題

　共同研究を行ってきた保育現場では、これまで漠然としていて明確になっていなかった「気になる子ども」に対するイメージを確立して共通理解が進み、子どもの実態にもとづいたきめ細かな対応をしていくことが大切であるという意識変革ができました。

　また、これまではバラバラであった課題を整理して、「気になる子ども」に対しての視点を持って分類し、その対応を考えられるようになりました。

　さらに、複雑な課題については、専門医や専門機関に相談するなど、関係機関との連携を深めながら、日常保育の中でよりよい対応を探れるようになってきました。

　そして、何より「チェックシート」を活用することにより、一人ひとりの子どもの発達上の問題点が、細かくはっきり見えてくるようになるとともに、課題のある子どもたちに、保育者全員が具体的に対応できるようになり、保育の質を高めることができるようになりました。

　一方、療育機関などの専門機関による施設支援を受けたり、専門機関で子どもと一緒に療育活動を体験したりすることにより、担当保育者が専門機関を身近に感じられるようになり、必要に応じた連携がスムーズにとれるようになりました。

　「気になる子ども」の共同研究をきっかけにして、保育課程・年間指導計画・月案・週案・日案の活用が日常的に行われるようになり、

計画の流れのとらえ方や課題に対する指導計画への取り入れ方、及び個別の保育計画の活用などが理解できるようになりました。このような流れの中で、自治体の大きな課題であった「保育要録」の記入についても、一人ひとりの実態を細かくとらえた記述ができ、小学校との連携を一層深めていくことができるようになりました。

　保育に関わる内容は、多様で多岐にわたっています。気になる子どもへの具体的対応の『気になる子どものＱ＆Ａ事例集』の中には、課題はあるけれども対応策として提示するに至らなかったものが数多くあります。今後は、もっと幅広く共同研究の輪を広げ、これまで以上に情報交換を進めて、欠けている内容を補っていく必要があります。その際、具体的な事例に対する対応は、それぞれが異なっている場合が多いので、対応策はできるだけ多様なものを多く集める必要があります。

　さらに、具体的な対応に対しては、まだ仮説の段階にとどまっていて、最終的な検証ができていないものも多くあります。今後は共同研究園で幅広く手分けして、その有効性について確認しながら方法を確立していく必要があります。このように仮説段階のものを継続して支援していくことで、具体的な支援方法を広げていくことができます。それが一人ひとりの子どもへの支援を多様にすることにつながり、結果として良い成長につなげていくことができるものと考えています。

Ⅱ 子どもの医療的ケアに関わりのある問題

1．医療機関との連携の必要性

　保育現場では、子どもたちの当面する障害や発達のつまずきに対して、専門的な対応が求められたり、発達のつまずきに対して適切な支援を求められたりすることがたびたびあります。しかし、ここでの子どもの障害や発達のつまずきに対して、保育現場だけでは対応しきれない問題も多く、特別支援学校や医療機関、療育機関など幅広い専門機関と連携しなければ対応できないものも少なくありません。しかも、連携にあたっては、保育現場が単独でできるものはごく限られており、親権者である保護者の了解がなければできないことがほとんどです。したがって、子どもたちの最善の利益を前提とするならば、保育現場としては、子どもへの具体的な支援とともに、保護者へのコンサルテーションとコーディネイションが強く求められます。

　子どもの障害や発達のつまずきに対しては、その理解の広がりとともに、最近では、医療機関での診断を受ける子どもが増えてきています。その結果、保育現場においても医療機関での診断をもとにして、それぞれの障害や発達のつまずきの状態や基本的な対応のあり方を考えていくことが求められるようになっています。

　医療機関における正確な診断は、これまで対応に苦慮してきた保

護者や保育者にとっては貴重な情報です。一方、客観的に見れば医療的な診断をもとにした支援が必要と考えられるにもかかわらず、保護者が医療機関との連携を拒む場合も多いです。こうしたことに対して、保育現場では現在有効な手立てをほとんど持っていないというのが現状です。

　医療・療育との連携が必要な子どもにとって、その連携を進める大きな壁になっているのが、保護者の抵抗です。保護者によってその立場は異なりますが、初歩的な問題としてまず、医療・療育機関を知らないということがあります。また、子どもの障害や発達のつまずきに気づいているけれども保護者として心情的に受け入れられない場合、さらに、母親が子どもの障害や発達のつまずきを受け入れても、家族がそれを拒否して逆に母親を責めるという場合もあるでしょう。

　一方、健診などの機会に障害や発達のつまずきを指摘されても、次のつなぎが何も用意されていない場合があります。極端な場合、保護者が子どもの障害や発達のつまずきに気づいて相談をしているにもかかわらず、「心配はいらないでしょう」「しばらく見てみましょう」などとそのまま放置されていることもあります。このような問題を防ぎ、子どもたちの最善の利益を保障するための支援を構築していくためには、子どもたちと出会う機会が最も多い保育現場の保育者が、保護者に対して適切な情報提供をすることが最も重要なことと考えられます。

医療・療育について、保育現場でそれに直接関わることは難しいといえます。しかし、実際の子どもたちの直面している問題を解決していくためには、医療・療育の現場は保育現場に対して強く連携を求めています。
　以下では、保育現場で保育に関わっている人たちには、これだけは知っておいてほしいという情報を整理して提供したいと思います。

２．障害のある子どもの症状と医師の診療の実際

　幼児を持つ保護者は、我が子の正常な成長・発達を望み期待を持って子どもを育てています。しかし、自分の子どもを育てていく中で知的な発達の遅れやことばの発達の遅れなどが心配になったり、——パニックを起こしやすかったり、落着きがなかったり、極端に不器用であったり——と色々と悩みを持っている保護者がいます。発達期の医療・療育に関わっている医師は、そのような子どもたちや保護者を医療・療育・教育の面から支援を行う中核的な役割を担っています。
　ここでの医師は乳幼児期、学童期の知的障害・発達障害・ことばの遅れ・コミュニケーション障害・自閉症スペクトラム障害・注意欠陥多動性障害・学習障害・心身症・不登校・染色体異常・重症心身障害などの診療、療育を行っています。
　また、小児科専門や小児神経専門の医師、歯科医師などが、臨床心理士・理学療法士・作業療法士・言語聴覚療法士・保育士・栄養

士などとともに、多面的・多角的に日常生活と遊びの中で知的発達を促し、ことばの発達を促進させ、様々な運動、感覚機能訓練を行い、子どもの発達をできるだけ正常に近づけるような支援を行っています。療育機関においては、この他にも、痙攣性疾患・気管支喘息・心疾患・川崎病など子どもの慢性的な疾患や小児科一般、急性感染症や予防接種など通常の診療も行っています。

以下では、「保護者の知りたい情報」「保育者に必要な情報」「医療・療育機関が知って欲しい情報」に留意しながら、これらの病気についてどのような場合に受診することが望ましいかについて、大分こども発達支援センターでの事例をもとに説明します。なおここでは、前述の自閉症スペクトラム障害・注意欠陥多動性障害・学習障害については省くこととします。

(1) アスペルガー障害

自閉症スペクトラム障害の一つのタイプです。他の自閉性障害と異なり表面的にはことばの遅れが見られず、むしろよくしゃべりますが、しゃべり方は一方的です。知的発達の遅れがほとんど見られず、むしろ知能指数が高い子もいるといわれています。そのため、障害があると気づくのが遅れる場合が多くあります。

他人の気持ちを理解したり、共感したりすることができず、ルールを守れない、集団行動が苦手などコミュニケーションや社会性に問題を持っていることが多く、そのために周囲から変わっている子

とか自分勝手な子と誤解されやすく、いじめの対象になってしまうことがあります。興味の対象が狭く、普通の子があまり関心を示さないようなことに夢中になったり、自分なりの考えややり方にこだわり、いったんやると決めたらとことんやったりするというところもあります。何か特定のものを詳しく覚え、特定のことに才能を発揮することもあります。逆に不器用な子が多く、手と足を同時に動かすような運動は苦手です。

このような子の場合、医師の指導のもと臨床心理士・作業療法士・言語聴覚士などによる生活環境の整備や訓練が必要になってきます。

(2) 脳性麻痺

脳性麻痺とは、筋肉の動きをつかさどる脳に受けた損傷が原因で起こる症状の総称です。

いったん受けた脳の損傷は、症状が子どもの成長や成熟によって変化することがあっても、それ以上悪化することはないといわれています。脳の非運動野も影響を受けている場合があるため、「精神遅滞」「行動障害」「てんかん」などの合併が見られることがあります。

脳性麻痺は、それ自体を治癒させることは不可能ですが、子どもの可動性や自立を向上させるために、薬物治療や作業療法士を中心にした歩行訓練などのリハビリなど、医療・療育でできることは多くあり、特に、早期に診断し早期に療育を始めると効果があがるといわれています。

(3) 重度精神運動発達遅滞

　精神遅滞のなかでも、IQ がおよそ 35 以下のものを「重度精神遅滞」、20 以下を「最重度精神遅滞」と言います。大部分に「身体合併症」「てんかん」などの合併症が見られます。一人で座ることができないなどの重度の身体障害を併せ持った子どもを「重症心身障害児」と言い、日常的な生活介助が必要となります。

　特に、障害が重くまた複雑な場合は、家庭でのケアが困難になる場合があり、子どもへの医療・療育の支援とともに家族への支援が重要です。看護師や作業療法士とともにきめ細かな対応を考える必要があります。

(4) 発達遅滞を伴う症候群
ⅰ) ダウン症候群

　最も有名な染色体異常による病気です。1,000 人に 1 人の割合で生れるといわれています。症状としては目と目の間が離れ、鼻が低く、つり上がった目といった特有の顔立ちをしていることがあげられます。また、身長は低く、筋肉が弛緩し、内臓の形態異常が見られたりする場合もあります。発達面にも遅れがみられ、症状や発達の度合いに合わせた療育をすることによって本人の能力を高め、学校や社会生活に適応するようにしていくことが療育の目標とされています。

ⅱ）結節性硬化症

　染色体の9番目と16番目に結節性硬化症を起こす遺伝子があることがわかっています。全身に過誤腫と呼ばれる良性の腫瘍ができる病気です。全身疾患なので、様々なところに様々な症状が認められ、症状の出方も人それぞれに違いがあります。また、約80％の人に痙攣発作が認められるといわれています。心臓や目に異常を起こすことがあるので専門医に定期的に診てもらう必要があります。治療は症状によって違いますが、発達遅滞に関してはリハビリテーションが必要になるので、専門医に相談する必要があります。

ⅲ）レット症候群

　女の子だけが発症する病気です。X染色体の中の遺伝子異常が原因といわれています。生後半年から一年半ぐらいまでは正常に発達しますが、次第に身についていたことばや動作がゆっくりと消失していきます。症状は子どもによって様々ですが、この病気の特徴として、両手を常に握り合わせたり、たたいたり、口に入れたりするなどの動作が見られます。根本的な治療法は見つかっていませんが、症状に合わせて投薬やリハビリテーションなどを行っていくことが必要です。

(5) てんかん

　脳の一部の神経細胞が異常な興奮を起こし、自分が予期しない時に、完全または部分的に意識を失って痙攣を起こし、四肢が硬直したりガクガクしたりして体をコントロールできなくなる症状です。1,000人に8～10人程度の人が発症し、脳の神経細胞の異常放電が原因であるといわれています。

　発作は、神経細胞の異常興奮が脳の局所から生じる部分発作と、神経細胞の異常興奮が最初から両側の大脳半球で生じる全般発作の二つに大きくわけらます。部分発作には、刺激される部位によって様々な症状が出る単純部分発作と、発作中のことを記憶していない複雑部分発作があります。

　全般発作にはいくつか発作の種類がありますが、最もよく見られるのが全身を硬直させる強直発作といわれています。発作が始まると同時に意識がなくなり、全身を硬直させ（強直発作）、直後にガクガクと全身が痙攣する間代発作を起こします。また、5～30秒ほどの非常に短い間意識が途切れ、意識が戻ると直前までやっていたことをすぐに再開できるのが特徴の欠神発作や、四肢を中心に一瞬電撃的にぴくつくミオクローヌス性発作、全身の力が瞬時になくなって崩れるように倒れる脱力発作などがあります。

　治療としては、症状にあった抗てんかん薬などを飲んで発作をコントロールしていく方法があります。発作の誘因因子には睡眠不足・ストレス・感染・アルコールなどがあるので、きちんと薬を飲むこ

とや規則正しい生活を心がけることで、発作を防ぐことができるといわれています。

　また、子どもの痙攣の中で、最もよく聞くものに熱性痙攣があります。日本人に多く、発症率は7〜9%といわれています。熱性痙攣は生後半年から5歳の間によく起こるといい、良性のもので3歳までに起こるのが圧倒的に多い。38℃以上の発熱があり、90%以上は発熱が始まってから24時間以内に起こるといわれています。殆どは1回だけであるが、2回以上起こした場合は予防のために薬を使う場合があります。

(6) 発達性言語障害、構音障害、選択性緘黙症など

　1歳半健診や3歳時健診でことばの遅れに気づくことが多いといわれています。

　ことばの発達には、ことばを理解することと、ことばを話すことの二つの側面があります。この場合、話しことばがうまく出なくても、ことばが理解できているのか、アイコンタクトや指差しでコミュニケーションがとれているかなどが重要になってきます。

　ことばの遅れ（発達性言語障害）は、すでに触れましたように、まず聴力障害がないかの確認が必要です。聞こえが悪ければことばが出る時期が遅くなるからです。難聴が疑われる時は詳しい検査を受ける必要があります。難聴がなければ対人関係やコミュニケーションがとれているかが重要になってきます。視線が合わないなど、コ

ミュニケーションが上手にとれない場合は自閉症スペクトラム障害の可能性も考えられます。

　家ではよくしゃべるのにある特定の場や状況で話せなくなってしまうのを選択性緘黙症といいます。精神の発達の遅れや不適切な言語環境、音を作り出す構音器官の器質的疾患がその原因であるといわれています。

　機能性構音障害は、音を作り出す構音器官の器質的疾患などはないけれども、カ行がタ行になる、サ行がタ行になるなど、違う音になっている状態をいいます。これらは正しい音の出し方を学ぶことで改善されます。

3．通所施設における支援の実際
(1) 重度身障児（重症児）の通所支援

　1975年頃から重症児は施設に入所するよりは在宅する志向が強くなりました。特に1979年の学校教育における「都道府県の養護学校義務設置と親権者に対する就学義務」の実施は、各種の児童福祉施設の入所が激減し、障害児の在宅志向を強める結果となっています。

　国は平成元年度から全国5ヶ所（北海道・新潟県・横浜市・岡山県・福岡県）の重症児施設に通園事業を付設し、モデル事業が開始されました。この事業は通園バスによる送迎を前提とし、一日の標準定員を15人としましたが、人数が集まりにくい中小都市において、できるだけ身近で通える所をという要望にそって、平成5年から一日

5人の小規模通園モデル事業が開始されています。通園事業は、幼児期の早期療育の場として重要な役割を持っており、保護者の障害受容に向けた取り組みとしても大きな意義があり、生きがいづくり、機能低下の防止、健康管理、家族の介護負担の軽減などにも一定の役割を果たしています。

　通所施設では、登園すると併設の診療所の小児科医と看護師が診察と検温を行い、体調を見極め、一日通所施設で過ごせるかどうかを判断し、必要な場合は薬を処方するなどの処置を行っています。療育活動としては、健康に留意しながら自分の世界を広げられるように音楽に合わせて体を動かしながら歌ったり、横になって姿勢を保持したり、全身をマッサージすることでリラクゼーションを図ったりしています。また、快反応や笑顔を引き出すために時には激しく体を動かしたり、刺激を与えたりしています。声かけは子どもに合わせて行い、それぞれに応じた反応を引き出しています。給食は、個々に職員がつき、マンツーマンの状態で摂食、嚥下や口腔ケアまで歯科医の指導のもとで行っています。

　午後は、落ち着いて過ごせるように音楽鑑賞したり、紙芝居などを中心にくつろいだりする活動を取り入れています。この他にも発作や発熱などの体調管理とともに吸引や胃瘻などを医師・看護師の指導のもとで行っています。さらに、子どもの機能の維持向上を目的として各種訓練も行い、バギーや横になった時の姿勢などに負担がかからないようにしています。

一方、保護者支援として、就学前の子どもには母子通園を行っています。しかし、仕事がある場合は、保護者のレスパイト（在宅でケアしている家族を癒すために、一時的にケアを代替し、リフレッシュを図ってもらうサービス）を兼ねて単独通園で受け入れることができるようにもなっています。その他に急用や兄弟児の体調が悪い時なども単独での受け入れを行い、保護者自身のストレスや負担を軽減するように配慮しています。

(2) 知的障害児の通所支援の実際

　近年、知的障害や発達障害、発達の遅れやアンバランスなどによって生活上の困難がある子どもが、早期に気づかれるようになってきました。また、療育的な支援を適切な時期に受けることで、遅れがあっても能力を十分に発揮して、社会生活に適応できることがわかってきています。

　知的障害児通園施設は、家庭で養育される義務教育前の知的障害児（都道府県によっては、発達障害児など、通園が望ましいと判断された場合も含む）が、地域での生活を見通して、障害の特性に応じた療育を受けることができる専門施設として平成13年に設立されました。

　福祉施設である知的障害児通所施設には、大分こども発達支援センターのように医療機関としての「療育センター」が併設されている場合があります。ここでは、子どもは日常的な集団での生活体験

を通して、楽しみながら施設に通い、保育・教育を基盤とした治療的な支援を受けることができます。さらに、医師の診察や心理面接、心理療法、訓練などを併用することもできます。

　具体的には、子どもに個別の療育計画を策定して、「一人ひとりの子どもが、生き生きと心豊かに生活し、持っている力を十分に伸ばして、将来に向かって羽ばたいていくこと」を目指して、情緒の安定を基礎に基本的生活習慣やコミュニケーション能力、社会性が身につくように日々の支援を行っています。主な入所のきっかけは、病院の小児科、保健センター、県や市の相談センターからの紹介です。最近では、地域の保育所や幼稚園の先生方の施設での研修の機会が増えるとともに、園からの紹介が増えてきているのも特徴的です。

4．医療・療育現場における検査や訓練・治療の実際
(1) 心理士による対応

　医師が心理検査の必要を認めると、心理士が子どもの心理検査を実施し、検査結果を文章化して、医師から説明がされます。そして、これからの子どもの支援方針を医師とともに考えていくことになります。心理検査は、子どもの知的な面・社会生活的な面・情緒的な面を理解するために行ないますが、その時の子どもの心理状況と深く関連するので、心理士はそれらを十分に理解した上で心理検査の結果をまとめていくようにしています。

　検査の手順は、まず医師から心理検査の依頼を受けて、心理士が

子どもと保護者に面談します。心理士の自己紹介の後、心理検査の実施について説明を行い、了承を得てから心理検査室に案内します。検査は保護者の聞きとりの形で実施するものと、子どもが検査者と一対一で個別の検査に取り組む形のものがあります。

　心理検査には知能検査、発達検査、人格検査などがあり、子どもの年齢や発達段階により、医師が次に示したような検査を心理士が実施するようになっています。

＜知能検査＞…個別検査
＊WISC－Ⅲ知能検査（対象年齢：5歳0ヶ月〜16歳11ヶ月）
＊WPPSI知能診断検査（対象年齢：3歳10ヶ月〜7歳1ヶ月）
＊田中・ビネー式知能検査Ⅴほか（対象年齢：2歳0ヶ月〜成人）

＜発達検査＞…聞き取り検査
＊乳幼児精神発達質問紙（対象年齢：乳幼児〜7歳）

＜人格検査＞…個別検査
＊描画テスト（HTPPテスト・バウムテスト）・SCT文章完成法・Y－G性格検査・PFスタディ

＜その他＞…聞き取り検査
＊S－M社会生活能力検査（対象年齢：1歳〜15歳）

＊PARS（広汎性発達障害日本自閉症協会評定尺度）（対象年齢：3歳～成人）など

　心理検査終了後、検査結果を説明する日時の予約を行い、結果の説明は医師から直接保護者に行います。また、保護者の希望があれば、検査を実施した心理士が補足説明を行う場合もあります。心理検査の結果を伝えるために、心理士は子どもの主訴が生じている要因を推測し、保護者が理解できるように説明を準備し、2週間～1ヶ月以内で保護者に伝えられるようにしています。説明の時、医師から今後の方針についても提案するようになっています。具体的には、リハビリテーション（理学療法・作業療法・言語療法）、心理療法、要経過観察、さらに、他機関への相談などの勧めがあります。
　心理士のもう一つの重要な仕事に心理療法があります。心理療法とは、一般的に成人に行うカウンセリングや面接とほぼ同じですが、幼児には遊戯面接を実践しています。遊戯面接とは、遊戯面接室という日常と切り離された場所で、ことばを媒介に遊びながら行う心理療法です。心理療法は、子どもの中に隠されている問題を明確にし、問題がなくなることを子どもと心理療法士共通の目標にしながら、ことばでのやりとりを通して協力しながら行っていきます。
　面接は週1回～月1回など様々ですが、主な問題やその症状の程度によって医師が面接の頻度の指示を出すようにしています。面接時間は45～50分、決められた曜日の決められた時間に定期的に来

所して行われます。心理士は、原則として担当を変わることなく面接を行うことになっています。

　心理士は、心理検査の結果をもとに、子どもや保護者の話をよく聞き、また、ある時は子どもと共に遊ぶことで、子どもの当面している心身症、問題行動などの問題の背景にある心理的要因について仮説を立てながら関わっていきます。話を聞くだけでなく、子どもが気づいていない本人の気持ちや対人関係の特徴などをことばにして伝えます。面接の期間はケースごとに異なりますが、おおよそ半年〜1年半ぐらいで終結することが多いようです。

(2) 作業療法による対応

　作業療法とは、日本作業療法協会の定義によると、「身体又は精神に障害のある者、またはそれが予測される者に対し、その主体的な生活の獲得を図るため、諸機能の回復、維持及び開発を促す『作業活動』を用いて、治療、指導及び援助を行うこと」とされています。ここでいう「作業活動」とは、日常生活の諸活動や仕事、遊びなど人間に関わる全ての諸活動で、治療や援助もしくは指導の手段となっています。例えば、身体運動、仕事、学習、絵画・手工芸などの芸術活動があり、特に、療育においては遊びを通して、苦手とする手先や粗大運動などの動作を基礎から学ぶ手助けを行っています。そこで獲得した動作を発展させ、食事・更衣・排泄・入浴などの日常生活動作の基礎となる手指動作の向上へとつなげていくのです。

作業療法の対象となるのは、児童施設においては主に脳性麻痺・精神発達遅滞・自閉症・学習障害など発達期に障害のある子どもです。具体的には、手先が不器用、左右・前後・上下などの空間把握が困難である、運動がぎこちない、姿勢が悪い、落ち着きがない、高い場所や不安定な場所を恐れる、感触や音などの感覚の受け取り方に偏りがある、玩具を握る、つまむ、離す、動きが困難であるなどの子どもが考えられます。

　作業療法の目的は、運動機能・精神機能の「基本能力」、食事やトイレなど「生活活動の応用能力」、地域活動への参加・就学の準備などの「社会生活適応能力」の3つの能力を維持・改善することです。また、人的・物理的環境の調整や社会資源や諸制度の活用を促すこともあります。これらは「作業活動」を媒介として行われ、その人らしい生活の獲得が目標となります。

　作業療法では上肢機能、粗大運動、日常生活動作にわけて、主に1歳〜6歳までの正常発達をもとに作成した正常発達表を用いた検査や訓練を行っています。

ⅰ）上肢機能

　手を伸ばす、握る、つまむ、離す、はさみを使う、粘土で形を作るなどの操作があります。これらの機能には、目と手の協応や両手の協調が関係しています。子どもの好きな遊びを通して手先の不器用さを改善し、道具操作などの機能獲得を目指しています。物をつ

まむことが苦手な子どもには、ブロックを棒に挿す、トンカチを握ってたたくなどの遊びの中に基礎となる握り、離しを取り入れていき、その中で握りや離す動作の発達を促していきます。

ⅱ）粗大運動
　階段の昇り降りや障害物を乗り越えるなどの運動を行い、ボールを投げる、蹴る、縄跳びをする、三輪車に乗るなどの手足を動かす運動、それに伴う重心の移動や力のコントロールなどの運動を行っています。投げる・蹴る・跳ぶ・押す・引くなどの運動に関して、子どもの状況を把握し、その子に合った方法、遊びを用いて子の苦手な運動を経験する機会を提供しています。また、家庭や園で取り組む際にアドバイスすることもあります。

ⅲ）感覚統合遊び
　感覚への刺激を大切にしています。体のバランスや目の使い方、筋の張り、脳の覚醒などに関連している感覚を前庭覚といい、バランス感覚ともいわれています。前庭覚は体の傾きや動き、運動の速さの変化などを知る感覚で、すべり台・ブランコ・スクーターボード・ハンモック・空中ブランコ・スイング（ボルスター・フレキサー・プラットホーム）などの遊具で前庭覚を刺激します。
　固有覚は運動覚といわれ、筋肉や関節などにあり手足の位置や体の動きを知る感覚で、体の各部分をスムーズに動かす、同じ姿勢を

保つことなどに関連しています。ぶら下がる、引く、押すなど、力を入れて体を動かすことで強い固有覚の刺激が得られるので、綱引き・トランポリン・空中ブランコのぶら下がり・平均台・ジャングルジム・重い荷物を持つ・スロープで遊びなど固有覚が得られるようにします。

　触覚は触る、触られる時に感じる感覚です。触ることで何かを弁別したり、危険を知ったりする感覚で、情緒の発達に関連しているといわれています。

　感覚統合では、子どもが必要としている感覚や過敏な感覚を理解しながら、必要な感覚を満たしたり過敏を軽減したりすることを目的に行われます。主に全身を使った感覚遊びや机上課題を行い、必要に応じて日常生活に適応しやすいように、家庭や園で取り組める遊びや環境設定などを提案しています。

(3) 言語療法による対応

　言語訓練を行う言語聴覚士とは、言語聴覚士法で「厚生労働大臣の免許を受けて、言語聴覚士の名称を用いて、音声機能、言語機能又は聴覚に障害のある者についてその機能の維持向上を図るため、言語訓練その他の訓練、これに必要な検査及び助言、指導その他の援助を行うことを業とする者」と定められた国家資格です。言語療法の対象となるのは、次のような障害です。

　言語聴覚障害には、聞こえに問題があるといわれる聴覚障害があ

ります。生まれつきの聴覚障害とともに病気やケガによって聞こえが悪くなる場合もありますが、この場合は相手の話が聞こえにくいだけでなく、自分の話し声も聞き取れないため、発音や声の大きさなどが不自然になってしまうとともに、聞こえないことによってことばの学習も影響を受けます。

　言語機能障害は、「うまく話せない」「話を理解できない」「記憶できない」といった障害です。生まれつきの言語発達障害や病気やケガによって引き起こされる「失語症」「高次脳機能障害」などがあり、日常生活に困難が生じます。

　話しことばの障害には、「大きな声が出ない」「声がかすれる」「発音を誤る」などの音声障害や構音障害があります。声や発音に障害があると話し相手は聞きとりづらく、コミュニケーションに影響を及ぼすことになります。

　食べることの障害には、「上手にかめない」「飲み込めない」などがあり、「摂食・嚥下障害」といわれています。うまく飲み込めずに窒息を起こす危険性や肺に食べ物が入って肺炎を起こすなど、命の危険が生じます。また、免疫力の低下や食べる楽しみを失うといった影響もあります。

　言語聴覚士はこのような障害の改善克服を援助するために検査、訓練、指導、援助を行い、よりよい生活が送れるように支援しています。また、必要によっては医師や歯科医師の指示のもとで嚥下訓練や人工内耳の調整などを行っています。

言語治療では、まず医師からの言語訓練開始の指示を受け、子どもの発達実態を把握するために必要な検査を実施します。また、待合室や遊戯室での様子を観察したり、家族から家庭での様子を聞いたりして、子どもの発達レベルを確認していきます。検査実施後、子どもの得意な面や苦手な面などを把握し、訓練の目標及び内容を設定し、家族に検査結果についての説明を行います。このような検査結果をもとに、その子に合った訓練計画の立案及び実施として長期目標（約１年）及び短期目標（約３〜６か月）を考えます。家族や保育所・幼稚園から情報提供書作成の依頼があった際には、検査結果や子どもの現状、訓練内容、子どもの支援方法などを記載した情報を提供しています。
　訓練の教材は市販のものを使用することがありますが、市販の教材では対応できない時や子どもの興味のあるキャラクターを用いたい時には、一人ひとりに合った教材を作成していきます。
　言語発達の遅れ（理解すること・話すことの障害）に対しては、名詞や動詞などの単語や二語文や三語文を理解すること、話すこと、会話することが実際の年齢より遅れているので、その発達に合わせて対応するようにしています。場面に不適切な行動や発言をしてしまったり、ことばの意味を誤ってとらえてしまったり、話題が次々と変わってしまったりする場合には、ソーシャルスキルトーイニングを行なっています。
　また、実際の会話の中で誤って発音している構音障害（発音の障

害）に対しては、不明瞭で聞き取り難い発音の仕方の改善を行ないます。難聴（聞こえの障害）に対しては、話しかけても振り向かない、いつも声が大きい、テレビを大音量で聞く、耳鼻科で聞こえが悪いといわれたりして周囲の音や人の声が聞こえにくいという状態なので、補聴器を活用するなど聞こえを補うような支援を行なっています。さらに、「りんご」が「り・り・り・りんご」と同じことばを繰り返したり、ことばがつかえたりする症状が出てくる吃音に対しては、緊張すると繰り返すことが多くなるので、リラックスできるような対応を行なっています。言語障害とは別に、摂食・嚥下障害に対しても、食べることや飲むことに困難さが見られるので、食べ物の飲み方や食べ方などについて基本的なことを教えることもします。

一方、施設支援として子どもが実際に通っている地域の幼稚園・保育園や学校に出向き、普段の子どもの様子を観察し、保育者や教師との情報交換などを行なって、子どもがより良い環境で過ごせるように連携を図って支援しています。

(4) 理学療法による対応

理学療法では、病気・ケガ・障害などによって運動機能が低下した状態にある子どもに対し、運動機能の維持改善を目的に運動・温熱・電気・水・光線などの物理的手段を用いて訓練や治療が行なわれます。「理学療法士及び作業療法士法」第2条には、「身体に障害のある者に対し、基本的動作能力の回復を図るため、治療体操その他の運動

を行わせ、及び電気療法、マッサージ、温熱その他の物理的手段を加えることをいう」と定義されています。

　理学療法は、運動発達を促進するために、手・足・胴の大きな運動、つまり、立つことも含めて、立つまでに乳児が行う手足を動かす、腹這いになる、這う、這って越えるなどの運動を援助するうえで重要な役割を持っています。また、歩行完成以後の乳児の運動については、主として機能練習遊びや戸外遊びなどが重要な意味を持っています。

　療育機関では、障害や発達に遅れのある子どもの運動機能から生活全般にわたる援助を行なっています。また、個々の子どもの発達に即した助言や抱き方・遊び方・歩き方・眠る姿勢・食事方法などの指導も行ないます。車椅子や装具などを必要に応じて製作し、来所できない重度の障害のある子には、家庭を訪問してリハビリや援助も行っています。

　運動発達の遅れを医者から指摘されたり、保健所から紹介されたりした６か月～１歳ぐらいの子どもには理学療法が開始されますが、その子どもたちには「おすわりしない」「ハイハイしない」などの特徴があります。このような純粋な運動の遅れの場合、ほとんどの子どもは低緊張（体が柔らかい）で、体の動かし方を知らなかったり、知っていても不十分だったりする場合があります。そこで、子どもの現在の様子を評価し、遊び方、抱っこの仕方、気を付けることなど家庭での関わり方を保護者に説明し、経過を見ながら、援助して

いきます。

　理学療法の進め方は、このように子どもの年齢に左右されるので、乳児には微笑みかけ、まず理学療法士を受け入れてくれる体勢を作ります。幼児は見知らぬ理学療法士に母親から引き離されて抱かれたり、動かされたりするのを嫌がるので、慣れるまでは母親の膝に抱かれた状態で行ないます。

　療育に携わる理学療法士は、子どもと遊ぶ技術と創造力を持っており、子どもが喜ぶような適切な遊び活動を展開し、簡単すぎて退屈させたり、能力を超えるほど難しい内容になったりしないようにしています。

　障害の重い子の治療では、成功感、成就経験を得ることが最も重要なことになるので、毎日の生活場面や遊びや活動で失敗しないで成功できるように様々な工夫をしています。理学療法士は、子ども自身が認識でき、たとえわずかな程度であっても達成できたと感じられるように、活動を常に修正しています。理学療法は常に楽しい場面であり、理学療法士といればいつでも成功経験を得ることができると認識してもらうようにしているのです。

　理学療法技術は、理学療法士が加える刺激の方法というよりは、その刺激に対する重症児の反応によって修正、決定していく技術といえます。子どもに何かをしてその反応を引き出すだけでなく、子どもがこのようにしたので、理学療法士がどう反応したかという相互作用の観点で治療が進められます。「ごく当たり前の日常生活」の

中に、姿勢・運動制御・感覚・理解・意思疎通・聴覚・視覚・手の使用の要素があり、この「ごく当たり前の日常生活」を実現できるように援助することが理学療法の目的となっているのです。

3章

「気になる保護者」のタイプとその支援

I 「気になる保護者」のタイプ

　「気になる」保護者の「気になる」部分については、医学的な視点を取り入れる必要があります。以下では、次のようにタイプ分類を行いながら保護者支援の方策を考えていくことにします。
①発達障害がある保護者
②神経症がある保護者
③うつ病がある保護者
④境界性人格障害のある保護者
⑤統合失調症のある保護者

1．発達障害がある保護者
(1) 特徴
　保護者の中には、発達障害の問題を抱えたまま大人に成長している人がいるといわれています。
　発達障害とは、発達障害者支援法によると、コミュニケーションがうまくとれない自閉症、読み書きなど特定分野の習得が困難な学習障害、注意力に欠け動きの激しい注意欠陥多動性障害、自閉症に近いが知的障害のないアスペルガー症候群などを指しています。
　言語的な理解は苦手だけれども、目で見て理解するのが得意な人、抽象的なことばは理解しにくいけれども具体的でわかりやすいことへの理解が良好な人は、身近にいて、決して珍しいことではいこと

ではありません。かつては、診断がまだ確立していない時代であったため、そのまま気づかないままに大人になったケースが普通だったのです。

　また、時間や物や情報の管理がうまくできず、家の中がぐちゃぐちゃで整理整頓ができていない人もいます。このような人も注意欠陥多動性障害のケースが考えられます。このような保護者に対する保育者からの問題点の指摘として、「園からの連絡や提出物を忘れる」といったことがあげられますが、単純に責任感の欠如というようなことに帰結してはなりません。

　一方、自閉症やアスペルガー症候群の保護者の場合は、子育てについて極端なこだわりがあって、それを保育者や園に厳しく要求してきたりする場合もあったりします。

(2) 支援の方法

　保護者の中に、提出物をすっかり忘れてしまう人や、電話で伝えた要件などについても違った解釈をしてしまったり、日程の変更などが伝わっていなかったりする人がいれば、発達障害や認知的な偏りを疑ってみることが必要です。そのような保護者に対しては、わかりやすいことばで話したり、短い文章で書いたり、話の内容を紙にまとめながら視覚的に説明したりするように心がけるとコミュニケーションを効果的にすすめることができます。

　重要な連絡事項や相談事項、今後の行事計画などは、できれば家

族も一緒に面談に入ってもらうなど園側が工夫すれば、さらに保護者の支援につながります。発達障害や認知的な偏りが疑われる保護者は、可能であれば家族の中にキーパーソンを探しておくことが大切です。

２．神経症がある保護者
（１）特徴

　一般的には、「ノイローゼ」といわれることが多いようですが、神経症とは、「心因性の精神障害で精神的な葛藤、外界の環境などの圧力による危機状況にうまく対処できず、心理的に不安になり心身ともに障害が生じている状態」といわれています。不安や恐怖感がつのり、おどおどした態度が目立つようになったり、引きこもりがちになって外界との接触を嫌うようになったりします。このような保護者の中には、「育児ノイローゼ」といわれる人もいます。

　神経症がある保護者の中には、保護者自身、幼少期に安心して誰かに依存したり甘えたりできる他者に出会えなかったというようなケースがあり、保育者に対しても上手に助けや支援を求めることができない人がいるようです。障害のある子どものそばから離れることができず、園に通わせることができない人などもそのような人なのかもしれません。必要以上に不安が高い人、子どもの障害をかたくなに受け入れることができない人もこの範疇に入るかもしれません。

(2) 支援の方法

　神経症の場合、わかりやすいことばでできるだけポジティブなことを中心に伝えた方がよいです。もし、保育者が保護者のそうした症状を見落として、子どもができないことを伝たりすると悲観的になり、落ち込むことが考えられるので、特に配慮が必要です。保護者が「どうしてできないの」とその怒りを子どもに向けてしまい、子どもが追いつめられる危険があるからです。

　通常の保護者とはちょっと違う、神経症が疑われると感じた場合、保護者への関わりとしては、次のようなことを配慮することが求められます。

＊説明をする時には、専門用語はできるだけ避けて、わかりやすいことばに置き換える。
＊ことばだけに反応せず、話の背後にある本音を見極める。
＊何か連絡がある時は、できるだけ必要なことは紙に書いて渡す。

3．うつ病がある保護者
(1) 特徴

　よくある精神疾患としては、うつ病があげられます。うつ病は気分障害に分類され「抑うつ気分」、または「興味や喜びの喪失」を伴い「睡眠障害」「体のだるさ」「頭痛や息苦しさ」を訴える病気で、今やその発生頻度は5%から10%にもなるといわれています。感情の沈滞、思考の渋滞、意欲の低下、体調不良などの状態が2週間以上

続くといわれています。当然、子どもの世話などができなくなっている家庭も少なくありません。

これまでは、うつ病の人は自分を責めることが多かったのに対して、最近のうつ病の人は、他者に攻撃を向ける傾向が強くなっているといわれています。また、発達障害とうつ病の関連も指摘されつつあり、保育現場では極めて身近な問題になっています。労働をとりまく環境が厳しくなり、人間関係が複雑になっている現代社会が新たにうつ病を生み出しているといわれています。

(2) 支援の方法

うつ病が疑われる保護者は、「仕事が何もできなくて情けない」「子どもや家族に迷惑をかけている」「こんなことでは親とは言えない」「今のことを思うと恐ろしくてじっとしておれない」「つくづく情けなくて悲しくなる」「何もやる気が起こらない」「生きていてもつまらないので死んだ方がましだ」というようなことを話しかけてくることがありますが、保育者の話はなかなか聞かない場合が多いです。そればかりか、実際に自殺を考えたりすることもあります。

このような時、相談を受けている保育者は、保護者の不安や無力感、辛い気持ちに関心を寄せて聞くことは大切ですが、安易な励ましは避けなければなりません。保護者のこのような状態は病気によるものであると受けとめ、できるだけ早く専門家に相談するようにすすめることが大切です。一番良いのは精神科の医師ですが、それをす

すめるのが難しい場合がありますので、そのような時はカウンセラーや精神保健福祉センターの相談員などを紹介するようしてください。

また、このような保護者を支援していくためには、家族への支援も同時に欠かせません。子どもに対する最善の利益を守るためにも、家族と連携した支援が必要になります。

4．境界性人格障害のある保護者
(1) 特徴

境界性人格障害とは、「対人関係、自己像、感情の不安定及び著しい衝動性の広範な様式」を持っているといわれ、一般的にいえば、「偏った考え方や行動パターンのため、家庭生活や社会生活に支障をきたした状態」ということができます。

境界性人格障害の人は、気分のムラが激しく、安定した人間関係をつくることが難しいので、ある時は「先生の指導はすごいですね」と褒めるかと思えば、ちょっと自分の思うように保育者が動かなければ「あの先生の指導は間違っている。担当を変えてほしい」と要求を出してきたりします。ただ、このような人は、その人自身に深い傷つきの経験を持っていることがあるという視点も大事にしたいところです。

(2) 支援の方法

「担当を変えてほしい」「うちの子をもっと大事にしてほしい」な

どと言いだす保護者の中には、境界性人格障害が疑われる人がいるといわれています。要望を聞くだけでは、その保護者はおそらくそれ以降も、自分の思うようにならなければ再度クレームをつけていろいろなことを要求してくることが考えられます。

　その際、保護者の要望の背後にある本音を理解することが必要です。なかなか聞き入れることが難しい事柄についても、丁寧に要望を聞くことが大切になります。辛いしんどい作業であるため、無限に聞いていくということになると保育者も疲弊してしまいます。そこで、保育者の側も時間の枠を作り、その枠を守りながら対応することが必要になってきます。

　また、保護者のクレームに対しては、職員が共通認識を持つ必要があります。無理な要求に対しては、組織全体として統一した対応が必要になってきます。境界性人格障害の疑いのある保護者の場合、執拗に要求してくるが解決策までたどり着けないことが現実には多くなってきているからです。

　こうした保護者は、自分と子どもとの境界が曖昧であるため、子どものことが自分のことのように感じてしまうことがあるようです。自他未分化の関係を克服するためには、自他の間に限界と境界を設けることが大切になります。つまり、保護者の不当な要求には、はっきりと「できない」と言うことが大事だということです。保育者は組織の中で動いているため、保護者の要求を全て受け入れるということが難しくなることがあります。そのため、限界を伝える勇気も

必要になってきます。保育者自身を守るためにも組織の力を十分に活用することも必要です。

5. 統合失調症のある保護者
(1) 特徴
　数は少ないようですが、統合失調症が疑われる保護者もいます。

　統合失調症とは、発病に関する直接の原因はわかっていませんが、主として思春期以降に発病し、長期にわたって強い頭痛、全身のだるさ、不眠などをともない、特異な精神症状があって、考えや気持ちがまとまりにくく人格の統合が失われ、そのために本人が困難や苦痛を感じたり、回復のために治療や援助を必要としたりする病気で、発病率は1%であるといわれています。

　統合失調症が一つだけの病気かどうかということについては議論のあるところですが、実際には、いくつかの異なった病気の集まりであろうといわれています。幻覚や幻聴があったり、被害妄想的であったりする場合は、この可能性が否定できないといわれています。

(2) 支援の方法
　統合失調症の症状には、「自分を非難したり、殺すと威かしたりする声が聞こえる」というような幻聴があったり、現実には無い物が見える幻覚があったり、「自分の電話が盗聴されている」というような被害妄想に陥ったりしていることがあります。ある保護者は、「別

れた夫が子どもを連れて行こうとする」と言って迎えに来るなど、どうしようもない不安や恐怖に襲われて助けを求めて来たりすることがあります。

　このような保護者の場合は、保育者は保護者の訴えることを肯定することはできなくても、保護者が陥っている不安や恐怖については、しっかりと受けとめていくことが必要です。そして、子どもが、保護者の精神的な混乱に巻き込まれて、身動きがとれなくなるようなことがないように子どもを守り、できるだけ早く、家族や周囲の人たちと連携をとりながら、専門的な医療機関につないでいくことが大切になります。

Ⅱ　児童虐待と保護者支援

1．保護者の子どもへの虐待
　少子化・核家族化などの進行とともに子育て機能が低下して、保護者の養育にも様々な問題が起こり、子どもたちが被害者になっているケースが増えています。このような状況は、現在では特別な場所で、特定の人たちに起こる問題ではなく、何時でも何処でも誰にでも起こりうる問題としてとらえ、子どもたちと関わる全ての人たちが、社会全体の問題として取り組むことが必要になっています。特に、児童虐待については、その件数も急増して、問題が深刻化しています。

児童虐待は、子どもたちの生命に直接危険を及ぼすばかりでなく、心身の成長や人格の形成に重大な影響を与えるもので、保育者としても決して見逃しにすることのできない問題です。そして、実際に保育現場で出会う問題も様々な要因が絡み合って起こっているために、その解決のためには、園だけではなく関係機関や関係団体、地域住民などとの協力や連携が必要となる場合が多いです。そのため、対応に関わる保育者には、幅広い知識・経験とともに地域のネットワークが必要です。このような虐待の問題に直接関わってきている保育現場では、子どもたちの保育の基盤となる安心・安全の確保のためにも、児童虐待防止の対策を講じることが求められています。

2．虐待をしている保護者への支援
(1) 信頼関係の構築
　虐待をしている保護者は、虐待がどのようなことかということがわからず、自分が子どもを虐待しているという意識すらないことがあります。このような保護者に対しては、虐待の事実を指摘して認めさせようとしても、自分の行っている虐待を認めようとしない場合が多いです。
　また、認めないばかりでなく、反発して攻撃的になってくるケースもよくあります。虐待を行っている保護者は、子育ての難しさに悩んだり、家庭内の不和に混乱したり、経済的な問題で困窮していたり、ストレスを抱え込んでいる場合が多いので、虐待問題に直接

触れていく前に、まず受容的な態度で保護者の悩みを聞いたり、保護者の話に共感したりして、信頼関係をつくることが重要です。

　虐待を行うような保護者は、これまでにも周囲から非難を受けるようなことがたびたびあったであろうことが想定されるので、信頼関係のない人には、どうしても防衛的になり事態を複雑にしてしまうことがあります。「いろいろなことでお母さんも大変なんですね」というような声かけが、保護者のこころに響いて事態を改善することにつながっていくようです。

(2) 保護者支援の方向性

　保護者自身の当面している様々な問題に対して、園だけで対応するのではなく、様々な特性を有する関係機関と連携して、その特性を生かすとともに、保護者を支援できるいろいろな制度を活用していきながら子どもを取り巻く周りの環境を安定させていくことが大切です。経済的な問題については福祉事務所、就労に関することについては職業安定所、各種手当や生活資金の融資制度に関わることについては市区町村役場などが窓口になっています。育児負担の軽減を図るためには、延長保育や休日保育、また、療育機関の活用などを考えてみる必要があります。

　さらに、保護者の悩みの解消に向けた心理的ケアを図るためには、児童相談所などの各種相談機関を紹介することも問題の解決につながることも忘れてはなりません。

Ⅲ　保護者面談

(1) 保護者面談の際の留意点

　保護者支援のための相談をすすめていく中で、カウンセリングを具体化していきましたが、特にそこでの留意点を共有化することにしました。ここでは福岡県保育士会との共同研究で明らかになったことを国立特別支援教育総合研究所の植木田潤氏が『保護者面接の仕方（カウンセリング）』で説明している内容と重ねながら面談での留意事項をまとめておきたいと思います。

①向き合う角度

　　面談では、向き合って相談を行いますが、この時向き合う角度がかなり重要な意味を持ちます。あまり意識しないとつい直接向き合ってしまいますが、二者面談の時にはむしろ90度に座る方が落ち着いた相談ができるといいます。もし複数の保育者で面談をする場合には、担任は保護者の隣に座るなど座る位置にも配慮をすることが必要になれます。

②労をねぎらうことばから

　　保護者が相談にみえた時にはまず日頃の子育てについて労をねぎらうことばをかけることが大切です。そのことによって信頼関係をつくることができます。

③リラックスできる雰囲気

　　相談をしようとする保護者はどうしても緊張をしてしまいが

ちです。緊張していますと本音を出した相談はできません。リラックスできるようになごやかな対応にこころがけてください。そうするとゆったりとした気持ちになり、情緒が安定して落ち着いて相談をすることができます。

④相談の目的をはっきりと

　面談を始めるに当たっては、まず最初に相談の目的をはっきりすることが大切です。一般のカウンセリングなどでは、「主訴を明確にする」というようにいいますが、こうしないと相談がぼけたまま進んでいくことになります。

⑤話す時は事実を具体的に

　子どもの話をする時には、漠然とした話にならないようにいつも事実を具体的に話すことが大切です。そして、保育者の価値観を入れることなく客観的に伝えることが大切です。

⑥不安な気持ちを受けとめる

　子どものことを相談する時には保護者は様々な形で不安な気持ちをもっています。保育者はまずその保護者のもっている不安な気持ちを受けとめることが大切です。そのことをカウンセリングでは受容といいますが、ここで大切なことは気持ちを受けとめるということです。

⑦話は最後まで聞くこと

　保護者の話は最後まできちんと聞くことが大切です。一番悪いのは話の腰を折ることです。特に日本語は最後まで聞かない

と最後で内容がひっくり返ることがよくあります。しっかりと耳を傾けて誠心誠意を最後まで聴くことを傾聴といいますが、そうすることによって保護者は保育者への信頼感を高めます。

⑧批判や非難はしないこと

　保護者の当面している問題に対しては、安易な言動をつつしみ真剣に向き合うことが大切です。その時特に保護者を批判したり非難たりする態度やことばは信頼関係を壊してしまうことにつながってしまいます。保護者の行動やことばは様々な条件の中でうまれているので、そのことを丁寧に聞くということが大切になるのです。

⑨共に考えていくという姿勢

　相談の中ではうまく解決につながるものばかりではありません。いや、むしろ解決につながらないものの方が多いと思います。保育者にできる最善のことは問題の解決のために、共に考えていくという姿勢をもつことです。そして、共に考えながら保護者が主体的に問題解決に取り組んでいけるようにすることの方が大切なことです。

⑩保育士はサポート役

　子育てにおいては、保育者は保護者と一緒に考え、保護者をサポートしていくことが重要な役割です。保護者を子育ての主体者に育てることが保育者の保護者支援の本来の目的であるといってもいいかもしれません。

⑪子どものよさや変化への気づき

　保護者が子育ての喜びと自身をもつことは、子どものよさや変化に気づくことからはじまります。どのような子どもにもそれぞれの子どもよさがあるものです。そのよさを子どもと共有することによって子どもは自信をもつことができ、保護者は子どもに信頼感がもてるようになります。

⑫保護者にしかできない役割

　保護者にとって子どもはかけがえのないものであるように、子どもにとっても保護者はかけがえのないものです。このように保護者と子どもはかけがえのない関係の中にいるということが大切です。保護者の存在と役割は他の者には変わることのできないものであることを保護者が自覚した時、子どもに対する勇気が湧いてくると思います。

(2) 保護者の害受容の段階

　障害のある子どもの保護者の支援の中で出会う困難な問題の一つに、保護者が子どもの障害を受容することが難しいということがあります。そこで、子どもの障害に対する保護者の気持ちの変化をきちんと捉えておくことが必要になります。

　ここでは、エリザベス・キューブラー・ロスが『死ぬ瞬間』（中公文庫）の「死の受容プロセスについて」を参考に「子どもの障害の受容」について次のように整理してみました。

まず第一段階は「否認」の段階です。子どもの障害を否認するのです。子どもに障害があるということを信じられずに何かの間違いではないかと疑うのです。

　第二段階は「怒り」の段階です。なぜ、自分の子どもに障害があるのか、障害がなければならないのか、という怒りを周囲に向けます。自分の子どもに障害があることが許せないのです。

　第三段階は「取り引き」の段階です。何とか障害がでないですむように取り引きをしようと試みる段階です。何かにすがろうという心理状態になります。

　第四段階は「抑うつ」の段階です。何にもできなくなる無気力な段階です。

　第五段階は「受容」の段階です。最終的に子どもに障害があるということを受け入れる段階です。

　実際の相談の中で、障害のある子どもをもつ保護者は心理的にこのような段階を通るということを理解しておくことによって、保護者の気持ちを受けとめ寄り添っていくことができるのではないでしょうか。

4章

ことばのつまずきを支援する保育のあり方

子どもへの関わり方の基本的原則

　ことばにつまずきのある子どもに対する関わり方は、個々の言語機能の障害の状態を改善していくことが必要ですが、ことばのつまずきの原因は言語機能だけでなく複雑で多岐にわたっていることが多いため、個々の子どものつまずきの実態に即して特別な関わり方が必要になります。

　したがって、子どものことば及びコミュニケーション能力などに関する現実の姿を十分に把握した上で、支援の方針を決めることが大切です。

　支援の内容としては、正しい音の認知や模倣、構音器官の運動の調整、発音・発語の仕方など構音の改善にかかわる支援、遊びの指導、わらべ歌やオペレッタなどによる気持ちをことばにして表現する流暢さの支援、遊びや日常生活の体験を結びつけた言語機能の基礎的な事柄に関する援助、助言などが考えられます。

　また、ことばのつまずきは、子どもの対人関係など生活全般に与える影響が大きいことから、話すことの意欲を高める指導、カウンセリングなどが必要になることがあります。

　指導にあたっては個別の支援が中心になることが多いので、個別の支援計画を立案し、それに基づいて行うのが望ましいといわれています。視聴覚機器などの教材・教具を有効に活用し、指導の効果を高めることが大切になります。なお、必要に応じてグループ指導

を組み合わせると効果があるといわれています。

　また、言語障害の改善、克服のためには、園における特別な配慮のもとに、生活場面で継続的に発音、発語の練習を行う必要があるので、家庭との連携を密接に図ることが欠かせません。さらに、器質的な障害をもつ子どもに関しては、医療機関などとの連携を図ることが重要な意味をもってきます。

　ことばにつまずきのある子どもへの関わり方としては、一般的に次のようなことがいわれています。
①子どもの表現は可能な限り受容するようにします。子どもの表現をまずしっかりと肯定的に受容し、理解しようと努めることで、子どもとの信頼関係が成立することが、言語治療を促進します。
②ことばは養育者を中心とした人間関係の中から発達していきます。養育者の安定を支えましょう。
③言語障害の症状と原因を短絡的に結びつけたりしないようにしてください。同じ症状であっても、異なる原因によって生じることが多いからです。また、ある症状を引き起こしている原因が、二つ以上ある場合もあります。
④ことば以外の手段を通して、ことばを育てることが必要です。絵画、造形活動などがことばの世界の基礎づくりとなります。
⑤日常的な豊かな体験がことばを育てます。「ミカン」ということばは、ミカンに触れ、匂いをかぎ、食べるといった活動を通して、

それらをひっくるめたものとしてことばが成立するからです。黄色い、丸い、やわらかい、かたい、大きい、小さい、表面がぶつぶつしている、甘い、すっぱい、重い、軽い、いい匂いなど、あらゆる感覚を駆使して得られる情報がミカンの理解に役だっているのです。

⑥多様な人間関係を重視します。同じものでも、人によって表現の仕方が違ったり、状況によってことばの使い方が違ったりすることに出会うことも、ことばの体験としては重要です。

⑦感情や実感のこもったことばを大切にして、体験とともに実感のこもったことばに子どもが出会えるようにします。

⑧ことばだけが全てではないということを心して、絵画療法や音楽療法、遊戯療法や箱庭療法などと並行してことばの発達を促す必要があります。

⑨障害を持つ子どもに対しては、長期の見通しをもって支援することが大切です。将来を見通すといっても、原則は保育や教育の原点である「現在(いま)を最もよく生きる」ことが基本です。

⑩常に子どもを社会的存在としてとらえ、他者との関わりや社会・文化との関わりを大切にします。

　子どものことばのつまずきに関しては、一人ひとりに個人差があるので一概に一般的なこととしていうことは難しいのですが、だいたいの子どもが小学校に入学するまでには、普通に話ができるよう

4章　ことばのつまずきを支援する保育のあり方

　になるといわれています。
　ところが、ことばのつまずきについては、家庭環境や障害の有無など様々な条件が影響するために、入学するまでに上手にきれいに発音することができなかったり、滑らかにスラスラ話ができなかったり、話し方が同じ年代の子どもに比べて遅れていたりすることが多く現れるために、保護者や周りの人が心配することがあります。
　このような周りの人の心配に対することばの問題には、保育園や幼稚園の先生方を中心に、小学校のことばの指導の担当の先生や発達医療センターの相談員の方々が対応しているのが現状です。しかし、相談を受けた先生方の指導経験や専門的な知識や情報の幅などによって、対応の仕方は随分異なり、せっかく相談はしたけれども不安がなかなか解消できないことも、これまでたくさん聞いてきました。
　そこで、これまで活動している保育者に寄せられたことばの相談を集めることにしました。そして、集めたことばの相談内容を分類してみると一見バラバラのような内容もよく似ているいくつかの仲間に分類できることがわかりました。その分類した相談の質問に対して、保育者が相談の場で答えているものを整理して並べてみました。
　幼児の教育相談や保育園・幼稚園でのことばのあそびの場でも、ここでつくった「QアンドA」は大変好評でたくさんの人々に使っていただきました。

139

以下は、これまで私たちが使ってきた「QアンドA」を実際に使って相談を行っている保育者や発達相談をしている方々にも意見をいただいて見直しながら整理しました。特に幼児期の子どもたちへの対応については保育心理士（公益社団法人　大谷保育協会認定資格）の先生方に協力していただき、幼児の家庭や保育園・幼稚園での支援について丁寧に説明して幅広く活用できるように工夫しました。
　内容の構成は、まず最初に一般的なことばの発達とつまずきの概要を説明しました。その後、それぞれのことばのつまずきごとに受けとめ方と対応の仕方を説明していくようにしました。

Ⅰ　ことばの発達

Q1〕　子どものことばのつまずきで不安があるのですが、どのようにすればよいですか。もし相談するとすればどんな所がありますか？
A1〕　このように一人で悩まないで、必ず周りの人に相談してください。ことばの問題だけではなく、子どもに関わることは何でも同じですが、悩みがある時は一人で悩むのではなく、ぜひ周りの人に相談してください。
　子どものことは子育てをした経験のある人であれば誰でも一緒に考えてくれます。相談することによって子育てのネットワークができていくことになるのです。
　周りに親しい人がいなければ、子どもと関わりのある施設、例えば、

4章　ことばのつまずきを支援する保育のあり方

　保育園や幼稚園、児童相談所や福祉センター、特別支援学校などに相談に行くと対応してくれるシステムができています。そこで聞きたかった答を直接得ることができない場合でも、相談の内容をよく聞いてどうすればいいかというガイドはしてくれると思います。

　ことばの問題に関してはいろいろな相談機関があります。子どものことばに関する相談に対しては、様々な所で相談を受けることができます。乳幼児であれば保育園が最も身近です。特に子育て支援をしている保育園では専門の相談員を配置している場合が多いので、安心して相談をすることができます。また、最近では子育てに対して専門的な対応ができる保育心理士のいる保育園や幼稚園が増えてきましたので、気軽に相談してください。そのような所で相談をすれば、それぞれの子どもさんの状態に応じて適切な相談機関を教えてくれると思います。
　就学前の子どもさんや小学校入学後の子どもさんの場合は、都道府県や市町村の施設として教育センターがあります。そこの教育相談部門に問い合わせてください。大概の所にことばに関する相談を受けてくれる人がいます。相談に行った所だけでは対応が難しい時には、相談員の先生がそれぞれの子どもさんにふさわしい専門機関を教えてくれます。
　このような機関で相談を受けてくれる人は、ことばの問題は勿論ですが、カウンセリングについても基本的な訓練を受けている人が

ほとんどです。秘密を守ってくれ安心して相談できます。

Q2〕 ことばに関する専門的な相談機関としてどのような所がありますか？

A2〕 基本的には教育機関、福祉機関、医療機関があります。教育機関としては、都道府県立の教育センターや市町村立の教育センターにおける教育相談部門や特別支援教育関係部門が相談を受ける体制を整えています。また、都道府県の教育委員会や市町村の教育委員会に直接連絡をとれば適切な相談機関を教えてくれると思います。さらに、大学の心理学や障害児教育関係の研究室でもことばに関する相談や療育を行っています。

　福祉関連では、都道府県の関係機関として福祉事務所の家庭児童相談室や児童相談所、保健所、身体障害者福祉センターなどがあり、市町村の関係機関としては子育て支援センターなどがあります。

　医療機関としては、発達医療センターや総合病院が主になりますが、専門医としては耳鼻咽喉科や口腔外科などが窓口になります。

Q3〕 保育園・幼稚園・学校における療育相談や教育相談では、ことばについてどのような相談を行っているのですか？

A3〕 保護者に対する教育相談や言語指導を行っています。保育園・

幼稚園・学校では一般的には特に専門的なことばに関する相談は行っていませんが、保育心理士や学校心理士のいる保育園・幼稚園や学校では、保護者に対することばの悩みに関する教育相談をしたり、子どもに対する遊戯療法や発音器官の機能を高めるような個別の言語指導をしている所があります。また、幼児の場合は、集団でことばの発達や人間関係を育てるために、集団療育活動を行っている所もあります。

一方、聴視覚障害のある子どもを対象としている特別支援学校においては、幼児のための「幼稚部」が設置されていますので、聴覚障害や言語障害にかかわる全般的な相談ができます。通常の小中学校においても言語障害児や難聴児のための特殊学級や通級指導教室が設置されている学校では、ことばに関する相談ができる専門の先生がいますので、基本的な検査から家庭における対応の仕方まできめ細かい助言をいただくことができます。

Ⅱ ことばのつまずきとその対応
1．ことばの遅れている子ども

Q4〕　ことばの発達と知的な発達とは関連がありますか？
A4〕　一般的に知的な発達とことばの発達には、互いに深い関係があるといわれています。知的に発達の遅れがあると、ことばの発達も

遅れてきます。知的な発達の状態を調べるためには、専門家は子どものことばの発達の状態を必ず調べます。

Q5〕 他の子どもに比べて、ことばが遅れているのではないかと気になっています。一般的なことばの発達の仕方はどのようになっていますか？

A5〕 子どもは生後10か月頃には、「○○は？」と身近な人や物の名前を訊ねるとその方向を見るようになります。1歳を過ぎると、ことばを一つ二つ話すようになり、身の周りの人や物についてかなり多くのことばを理解することができます。

　2歳になると、自分の目・口など身体の部分がわかったり、3〜4個の絵の中から「バスはどれ？」と聞かれると指さしたりするようになります。

　3歳になれば、物の名前を聞いてその絵を指さすことが大体でき、4〜5歳になれば、身の周りのことや生活場面で必要なことは言えなくても、ほとんど理解はできます。

　話せるようになると、ことばの数は1歳で2〜3語だったのが、2歳で200語、3歳で1,000語、5歳で2,000語というように年齢とともに急激に増えてきます。

　子どもたちがそれぞれ身長や体重が増加していくのに個人差があるように、ことばの発達にも一人ひとり個人差があります。特に1

歳ぐらいの子どもの場合、周りの子どもの発達に照らしてことばが遅れているような場合でも、極端な心配はしなくてもよいことが多いようです。家族の皆さんが、たくさんのことばをかけてあげ、いろいろなことばがあることを知らせていきながら、子どものことばの発達を十分観察してください。特に、自分でことばを発することがなくても、周りの人の言うことについて理解できている場合は、今はことばを体の中に溜め込んでいるんだと理解してあげることも必要なことです。

Q6〕　子どものことばの発達が遅れるのはどうしてですか？

A6〕　子どものことばの発達には、いろいろな条件が必要です。ことばは自然に身につくように思われていますが、決してそうではありません。子どもは私たち大人が外国語を身につける時に勉強するのと同じくらい大変な学習をしているのです。

　ことばの学習には様々な条件が必要です。それらの条件のどこかに次のような原因があると、ことばの遅れにつながるといわれています。

＊知的発達に遅れがある。
＊耳の聞こえが悪い。
＊話すのに必要な器官（唇・口蓋・歯・のど・舌）に問題がある。
＊社会性が十分に発達していない。

＊情緒が不安定である。
＊脳の神経系に問題がある。
＊身体が弱く病気がちである。
＊周りの人の子どもへの関わり方が少なかったり、問題があったりする。
＊子どもが自由に話せる環境がない。
＊厳し過ぎるしつけをしたり、ことばの教え方に問題があったりする。

このようなことで思い当たることがあったら、専門家に相談するようにしましょう。

ことばの発達に不利な条件がある場合には、それをやわらげたり、補ったりすることが必要です。言語治療教室・児童相談所・教育センター・発達医療センターなどでは、ことばを育てるための援助をしています。ことばの遅れが気になる時は、このような所の先生に相談すると子どもへの関わり方を教えてくれます。

Q7〕 1歳を過ぎてやっと話し始めました。いろいろと真似をしたがるので教えるのですが、正しく発音することができません。どこか問題があるのでしょうか？
A7〕 満1歳の誕生日を迎えたくらいの時は、一般の子どもはまだ正

確な発音はできるようになっていません。

　満1歳くらいの子どもには、まだ正しく発音できない音がたくさんあります。パ行音やマ行音などは覚えやすく、出しやすい音から覚えていきますが、サ行やラ行の音は難しいので、子どもによっては8歳ぐらいで完成する場合もあるくらいです。

　ことばの覚え始めはいろいろなものを見せたり、触れさせたりしてことばを聞かせることが大切です。絵本の「ひよこ」を見て周りの大人が「ピヨピヨだね」と教えたら、ある時、子どもが本物の「ひよこ」を見て「プヨプヨ」と言ったとしたら、どうしたらよいでしょうか。子どもはことばと事柄を結び付けることができたのですから、まずすばらしいこととして認めてあげることが大切です。子どもがことばを覚えていく時に最も大切なことは、相手にことばが伝わることの楽しさを知ることです。そのことによって、ことばは広がっていきます。「プヨプヨ」と言ったら、「そうね、ピヨピヨ。ひよこさんだね」と正しいことばにして返していくことが大切です。この時、「プヨプヨではないでしょう。ピヨピヨでしょう」と言って言い直させたりするとお話をしなくなったりする原因になることがあります。

Q8〕　2歳少し前にやっと話し始めました。現在2歳すぎですが、ことばをつないで話をしないので気になっています。
A8〕　周りの大人がことばをつないで話しましょう。話し始めが少し

遅かったようですので、ことばをつないで話すようになるにはもう少し時間が必要かもしれません。今は話し方にこだわらないで、楽しくたくさん話をさせることに心がけましょう。ことばを育てる時に最も必要なことは、子どもの成長をじっくり待ってあげることです。

　ことばをつないで話すようになるためには、大人が手本を示すことが大切です。そうすることで、ことばの使い方、つなぎ方が自然に耳に入り、徐々に真似て話すようになります。例えば、お父さんが帰って来た時「パパ」と言ったら、「そうね、パパが帰ってきたね」とことばをつないで聞かせます。まず、その時の子どもの言いたいことを十分受けとめることが大切です。

Q9〕　音に対して鈍感で、名前を呼んでも気づかないことがあります。ことばの覚えも同じ年齢の子どもに比べて悪いように感じます。
A9〕　まず、聴力検査をしてもらいましょう。聴力検査には標準聴力検査・新生児聴力検査・聴性反応行動観察聴力検査・遊戯聴力検査があり、小さいお子さんが眠ったまま検査を行う聴性脳幹反応聴力検査があります。さらに、ことばの聞こえ方を検査する語音聴力検査があります。

　耳の聞こえが悪いと情報が入ってこないので、自然とことばが遅れてきます。しかし、耳の聞こえが悪いのであれば、補聴器をつけ

4章　ことばのつまずきを支援する保育のあり方

てことばの指導をすれば、ことばは少しずつ伸びてきます。
　ことばの覚えが悪い場合は、耳の聞こえの他に、知的な発達の遅れ、対人関係の障害などが考えられます。それらの障害が心配であれば、ことばに関する相談機関などに相談してください。
　また、障害とは関係なく、聞く習慣ができていないだけという場合もあります。その時は、楽しい話や音楽などを一緒にたくさん聞く機会をつくることで、徐々に聞く習慣が身につき、ことばの改善ができます。

Q10〕　1歳の時に口蓋裂の手術をしました。もう2歳になりますが、まだはっきり話しません。ことばが遅れるのではと心配しているのですがどうすればいいでしょうか。
A10〕　お子さんの場合のことばの遅れは二次的な問題です。口蓋裂の子どもの場合、うまく発音できないことから、正しい音を耳で確認することができず、誤った音でことばを覚えたり、コンプレックスからあまり話さなくなったりするなど、二次的にことばが遅れることがあります。また、手術をしたことを気にかけすぎて甘やかして育てたり、あまり外へ連れて行かなかったりすることも、ことばが育つために必要な環境が阻害される原因になります。できるだけ関わり合いを多くして、会話や遊びの中でことばを聞かせることが大切です。

子どもにとって、身近な人の笑顔は何よりの栄養です。手術したことを心配し過ぎないで、普通に育てることが大切です。そして、家族の人との楽しい会話や友だちとの遊びをたくさん経験させてください。その中で正しい発音を聞き、少しずつことばが身についていきます。周りの人たちのことばをたくさん聞かせるように心がけてください。

Q11〕　長男が２歳の時、妹が生まれ、その頃からあまりしゃべらなくなりました。ことばが遅れてしまうのではないかと心配です。
A11〕　ことばは豊かな人間関係や安定した情緒の中で育ちます。子どものサインを見逃さないようにしてください。
　弟や妹が生まれると母親を取られたように感じ、一時的にわがままになったり、できていたことができなくなったりすることがあります。これはかまって欲しいサインだといわれています。時々、上の子どもさんとだけの時間をつくり、ゆっくりとお話をしたり、遊んだりしましょう。
　２歳はことばの育ちはじめの時期です。あまり無理にしゃべらせようとしては逆効果です。家族との楽しい時間を過ごすことで、気持ちが安定して自然とおしゃべりも増えてくるようになります。

4章 ことばのつまずきを支援する保育のあり方

Q12〕 3歳の女の子ですが、もう少しなめらかにしゃべれないのかと、とても気になります。

A12〕 3歳ではなめらかにしゃべれないのは当然です。話すことの方を大切にしましょう。2〜4歳の頃は、ことばが急速に育っていく時期です。覚える単語は相当たくさんになってきます。子どもはどんどん話したくて「あのね、あのね」と気持ちが先にいってしまい、ことばにつまることはよくあることです。

　この時期に何度も言い直させたり、注意したりすることは、話す自信をなくすことになります。また、そのようなことから、吃音になるということがあります。あまり神経質に考えずに接するようにしましょう。

　子どもがあせって話していても、ゆっくりと最後まで話を聞いてあげてください。また、うまく話せなくても、話の内容が伝わってきたら「そう、○○だったのね」と話したことを認めてあげてください。お話を聞いてくれるという安心感から、おしゃべりはもっと盛んになり、話し方も徐々に変わっていくと思います。

Q13〕 脳性まひと診断されました。ほとんど話さないのですが、ことばが育つのか不安です。

A13〕 話したいという気持ちを大切に考え、接し方に気をつけましょう。まひの状態によっては発音がうまくできないことがありま

す。発音を気にして言い直させたりしないで、話そうとしていることを認め、たくさん話そうという気持ちを持たせることに心がけてください。

　話すためには、その前提として物事の理解が必要です。体が自由に動かせないとどうしても経験不足になりがちです。ことばを育てる意味からも、自然体験や社会体験などいろいろな経験をさせましょう。

　また、周囲が助け過ぎると何も不自由さを感じなくなり、ことばをあまり使わなくなります。逆に、厳しくしすぎて心が不安定になると、ことばの発達によくありません。周囲の大人が子どものニーズをしっかりと受けとめて、いつも肯定的に接していくことが大切です。

Q14〕　知的遅れの疑いがあり、ことばにも遅れが出てくる可能性があると言われています。ことばを育てるためにはどうしたらいいのでしょうか。

A14〕　いろいろな経験をさせ、ことばの理解を深めていくことが大切です。知的発達に遅れがあると、外界へ働きかける力が弱く、自分で情報を取り入れて学んでいくことに困難が生じます。したがって、いろいろな所へ連れて行き自然体験、社会体験など楽しい経験をさせて、興味・関心を広げながら、遊びや運動など、ことばを含

めた全体的な発達を促すことが大切です。

　話をするためには、まず他の人の言っていることばがわかることが必要です。絵本や実物を見ながら、物の名前をたくさん聞かせたり、子どもの行動や要求を具体的なことばで表現したりしてください。根気よく繰り返すことで物の名前やことばの使い方を自然に理解し、ある時期に急に話す量が増えるケースも多く見られます。

Q15〕　4歳で話し始めもうすぐ5歳です。よくおしゃべりをするのですが、発音がはっきりしません。発音は自然によくなりますか？
A15〕　ゆっくり育っていきますが、心配なら耳や発音器官を調べてもらい、必要に応じて特別な指導を受けることを考えた方がいいかもしれません。

　発音は段階をおって上手になり、大部分は成長とともに正しい発音になっていきます。どうしても発音しにくい音が出てきた場合、少し特別な指導が必要かもしれません。発音するための器官や耳の聞こえなどに問題がある場合が考えられますので、一度、耳鼻咽喉科の医師に診察してもらうと安心です。

　4歳で話し始めたということから考えると話し始めが遅いので、同年齢の子どもよりことばの発達がゆっくりしていることが考えられます。したがって、これから除々に正しい発音に変わっていく可能性があります。あまり心配し過ぎないようにしましょう。子どもの

発音のことについては「発音に間違いがある子ども」(質問19〜28)で詳しく説明していますので参考にしてください。

Q16〕 視線が合いにくく、友だちと遊ぼうとせず、こちらの言ったことばをそのまま繰り返したりします。自閉症ではないかと思うのですが、どうしたらよいのでしょうか。

A16〕 まず、身近な人との関わりを十分持ちましょう。自閉症でなくても、人との関わりが苦手な場合や全体的に発達が遅れている場合、このような様子が見られることがあります。自閉症の場合は、極端に物にこだわったり、環境の変化を嫌がったりするなどの様子が見られてきます。一部の特徴だけで、自閉症と断定することはできません。

　いずれにしろ、人との関わり方が身についていない状態ですから、集団に入れる前に、まず家族との関わりが持てるようにすることが必要です。家族の人がお子さんの気持ちを受けとめ、安心できる状態をつくり、好きなことを見つけて一緒に楽しむことが何より大切です。

　そういった関わりの中で、少しずつことばの意味の理解や、正しいことばの使い方を身につけていくことができます。また、家族との関係が十分育ってくると、他の人への関心が徐々に生まれます。人への関心は、ことばの学習の大切な基礎となるのです。自閉症の

子どものことについては、質問50で説明していますので、参考にしてください。

Q17〕 来年は年長さんになります。これまで体が弱く、入退院を繰り返して園を休みがちでした。口数がとても少なく、話しことばも幼い感じです。どうしたらよいでしょうか。

A17〕 無理をしない程度に少しずつ経験を広げ、本人にとって楽しい会話をたくさんする機会を増やしてください。まず、何より元気な毎日を過ごせるよう気をつけることが大切です。そして、体に負担のない範囲で外へ連れ出し、友だちと遊ばせ、楽しい経験をさせましょう。

　お子さんとの会話を振り返ってみてください。病気に関わる話題ばかりになっていませんか？ ゆったりとした気持ちで、遊んだこと、面白かった絵本のことなど、楽しい会話に心がけましょう。

　友だちとの遊びや家族との楽しい会話の中で、話す楽しさを覚え、ことばの数は増えていきます。幼い表現が気になる時は、会話の中で本人のわかりやすいことばで、さりげなく正しく言い換えて聞かせるようにしましょう。

Q18〕 5歳で年長組になっていますが、幼児語が治りません。どうしたらよくなりますか。

A18〕 特定の音だけがおかしい場合は、特別な指導が必要ですが、周りの対応の仕方で改善されるケースが少なくありません。

　赤ちゃんことばを使った時、正しい言い方を知らせていますか？かわいいので大人も幼児語で話しかけたり、逆にきつく叱ったりしていては改善されません。小学校では、話しことばを文字で表す学習をします。その時、自分の話しことばのおかしさに気づいて治っていくことがほとんどです。

　しかし、特定の音だけがおかしい場合は、発音の発達の問題が考えられます。また、一音ずつなら正しく言えるのに、話の中で使う時におかしくなる場合は習慣になっているだけかもしれません。その時は、正しい言い方で言い換えて聞かせることで改善されると思います。発音が気になる子どもの問題については、質問19〜28を参考にしてください。

2. 発音のつまずきのある子ども

Q19〕 発音のつまずきにはどんなものがありますか？

A19〕 話をする時の発音のつまずきの代表的なものとしては、一般的に次のような例があります。

①他の音に置き換わっている。
　カ（ka）→タ（ta）
　カラス→タラス　オカアサン→オタアサン　スイカ→スイタなど
　サ（sa）→タ（ta）
　サカナ→タカナ　センセイ→テンテイ　クシ→クチなど
　ラ（ra）→ダ（da）
　ラッパ→ダッパ

②ある音の子音を抜かしている。
　カ（ka）→ア（a）
　カラス→アラス　テレビ→テエビ　スイカ→ウイカなど

③仮名で表現できないような発音をしている。
　カゼ→カズェ・カツェ

Q20〕 発音に普通の音と違うところがあります。「気にしなくていい」と言われたり、「早いうちによくした方がいい」と言われたりして、どちらがいいのか悩んでいます。

A20〕 音によって正しく発音できる年齢が違います。発音はだんだんと変わっていくもので、全てが同時に正しく言えるようになるものではありません。発音しやすい音から身についていきます。その様子は表15のようになっていますが、これはあくまでも平均的なもので、早い子もいれば、一年生で言えるようになる子もいます。

表15

年齢	正しく発音できる音
2歳半まで	パピプペポ　バビブベボ　マミムメモ　ナニヌネノ　タテト　ダデド　ワ　アイウエオ
4歳半まで	カキクケコ　ガギグゲゴ　キャ　ギャ　ジ　ジャ　チ　チャ　ハヒフヘホ　シ　シャ
6歳半まで	サスセソ　ザズゼゾ　ラリルレロ　ツ　ヤユヨ

　例えば、3歳の子どもが「サ行」を正しく言えなくても、心配することはないでしょう。6歳の子どもが「パ行」や「マ行」を言えないような時は、原因を考える必要があると思います。

Q21〕 発音のつまずきがあるので、正しく言い直させていますが、なかなかよくなりません。原因は何でしょうか？

A21〕 正しい発音をするためには、いろいろな力が必要です。

正しく発音するためには、
①音をよく聞くことができ
②舌や唇などの発音器官が機能し
③それらが協力しあっていること
が必要です。

　音を聞くことができないと、いくら言い直して聞かせても無駄なことになります。また、音は聞こえていても発語器官の機能や相互の働きの連携が十分でなければ、正しい発音をすることができません。発音器官の働きは食べることにも関連しています。食べこぼしが多かったり、よだれがとまらなかったりすることがあれば、器官の運動の問題が考えられます。

Q22〕　私の子どもは、音を聞きわける力がありません。音の違いに気づかせるにはどうすればいいでしょうか？

A22〕　聞く習慣や態度を育てましょう。お子さんは、絵本を読んでもらうことや、いろいろな音や音楽に関心を示しますか？　話す人のことばを落ちついて聞くことができていますか？　音を聞きわける力を育てるには、まず聞く習慣や態度をつくることです。「何の音でしょう」と、家族で音当てクイズをしてみましょう。また、カルタ遊びで、読み札にない文をつくって楽しみながら遊びましょう。
　大人は、はっきりとしたことばで話しましょう。周囲の大人の話

し方も大切です。早口になってはいませんか？ また、お子さんに顔が見えるようにして話しかけましょう。子どもに聞きとりやすいことばで話しているか振り返ってみましょう。正しい発音を聞かせる時は、「ミ・カ・ン」と一つひとつ区切る必要はありません。自然な抑揚で、ゆっくりはっきり言いましょう。

Q23〕 半年前くらいから話すようになり、4歳になります。ことばも増え、よく話すようになりましたが、発音がはっきりしません。発音の指導をした方がいいのでしょうか。

A23〕 おしゃべりをたくさんすることが、発音の練習になります。子どもは、ことばがいろいろと話せるようになり、人とのやりとりが楽しくなると、どんどんおしゃべりになっていきます。そして、たくさん話すことを通して、発音の練習をしているのです。このような時期に、いきなり発音の指導を始めると、話すことを注意されているような気持ちになり、話す意欲を失う子どもがいます。

　ことばの発達がやや遅れているので心配でしょうが、今は発音の指導をするよりも、話すことをたくさんさせて、発音が変わってくるか様子をみていきましょう。

4章　ことばのつまずきを支援する保育のあり方

Q24〕　もうすぐ１年生になります。魚を「タカナ」と言ったり、ラッパを「ダッパ」と言ったりします。特別な指導が必要でしょうか。

A24〕　発音のつまずきに気づいたら放置しないで丁寧に見つめていくことが大切です。ラ行やサ行などの音は、小学生になっても正しく発音できない場合があります。平仮名を読んだり書いたりできるようになると、自分の言っている音の違いに気づいて自然に直っていく子どももいます。

　子どもの日々の様子をもう一度丁寧に観察してみてください。少しずつ音の感じが変化していたり、単語によって正しく言えたりしているならば、そのままでよくなるでしょう。２～３ケ月以上経っても変化がなかったり、正しく発音できなかったりする音が多いと感じるような時は、ことばの相談をして特別な指導を受けてみるのも考えてよいでしょう。

Q25〕　３歳になる子どもですが、発音におかしいところがあります。あまり神経質に注意しない方がいいと教えられましたが、他に気をつけることがありますか。

A25〕　子どもの話をよく聞きましょう。発音のおかしさが気になるとつい注意したくなるものです。けれども、子どもは話し方に注意を受けたり、笑われたりすることをとても気にするものです。そのため、話すことに自信をなくし、口数が少なくなってしまうことが

あります。

　話し方より話の内容をよく聞きましょう。話している途中で注意を受けると、話す意欲をなくしたり、話そうとしていたことを忘れてしまったりします。大人がよく聞くことで、話す意欲がわいてきて、話の内容がドンドンふくらみ、話し方が上手になっていきます。

　よく受け応えをして、話しかけましょう。子どもの話に対して、「ほんとぉー」「うん、うん」の繰り返しではもの足りません。
子ども「アッ、ウタギのオタータンよ」
母「ホーント、ウサギのオカアサンだね。赤ちゃんはどこかな？」
というように、正しい発音を聞かせ、次の話が続くように話しかけましょう。このような大人の対応は大変大切なことですが、ほかの仕事をしながらでは上手に伝わらないようです。ですから、子どもとの会話の時間を持つことが大切です。

　ことば以外の日常の生活にも気を配りましょう。発音に問題のある子どもは、運動が苦手だったり、手先が不器用だったり、食べ方が下手だったりすることがよくあります。発音は運動の発達ととても関連が深いのです。ですから、身体全体や手先を使って遊ぶ経験はとても大切なことです。自分で着替える、うがいをする、いろいろな物を上手に食べるなどができているでしょうか。口元の運動ばかりにとらわれず、日常生活全体にも気を配っていきましょう。

4章　ことばのつまずきを支援する保育のあり方

Q26〕　家庭でできる発音の練習法を教えてください。
A26〕　発音の指導は専門家にまかせましょう。
「ラは舌を丸めて言うのよ」
「私の口をよく見て言うのよ。サ、言ってごらん」
「違うよ、もう一度」

　このように家族の人が発音の指導を始めてしまうと、親子や兄弟姉妹のよい関係がこわれてしまいます。家族の人は先生になるより、よい話し相手・遊び相手である方が、子どものことばの成長を助けるようです。また、周囲の大人の判断だけで発音の指導をするよりも、ことばの指導をしている先生の意見を聞く方がよいでしょう。

　舌や唇の運動がよくできないなど器官の働きに問題がある場合は、家庭での練習も大切ですが、訓練的にならないようにして、何度もやりたくなるように遊び感覚で取り組むとよいでしょう。

Q27〕　5歳児です。平仮名に興味を持ち、「サシスセソ」が言えるようになりました。でも、ことばの中では「サシスセソ」が「タチツテト」になってしまうのですが、どうしてでしょうか。
A27〕　少しずつ発音に慣れさせましょう。それは、これまでの間違った発音の仕方が身についてしまっているためです。こんな時は既に言い慣れたことばをすぐに直すのは難しいので、知らないことばや意味のないことば（イサ、サヨ、オサノ等）を言う練習をしてみましょ

う。十分慣れてきたら、日常よく使うことばを言い直す練習をします。文字が読めるようでしたら、文字を使うことも効果的です。これらのことができるようになってから、会話の中で正しく発音できるようにしていきます。くれぐれも焦らず、慌てず、お子さんに辛い思いをさせないように、自信を持たせながら取り組むことが大切です。

Q28〕 ことばに聞きとりにくいところがあり、周りの子どもたちとうまく遊べないみたいです。園の先生に特にお願いするといいことがあれば教えてください。

A28〕 思いきり自由に話せる環境を作ってもらいましょう。園の先生に心がけていただきたいことは、これまで述べてきたことと変わりはありません。先生がお子さんの話をよく聞いてくだされば、友だちにもそういった気持ちが育ちますし、お子さんは自信を持っておしゃべりをすることができるはずです。

　友だち同士の会話では、初めのうちはできるだけ先生にも参加してもらいましょう。ただし、話を代弁してもらうのではなく、友だちとの関係づくりの仲立ちをしてもらいましょう。先生がお子さんの代弁をするばかりでは、友だちは先生の方に注意を向けるようになってしまいます。子ども同士の関係が育ってくると、大人が入るよりも子ども同士の方がわかりあえることが多いものです。

3. 口蓋裂の子ども

Q29〕 私の子どもは口蓋裂といわれました。もうすぐ手術の予定です。口蓋裂の子どもの口の中はどのようになっているのですか。口蓋裂はことばの問題が起こると聞きましたが、どのような症状になるのでしょうか。

A29〕 口蓋裂の子どもは口の中の天井が割れています。口の中の天井にあたる口の中の上あごのことを口蓋と言います。口蓋裂というのは生まれた時からこの口蓋に割れ目のあることをいいます。この子どもたちの中には唇も割れていていることもあり、口唇に手術の痕があることでわかります。

　ことばの発達が遅れることがあります。周りの人々の動揺や病院通いの多さといった、環境的な影響で情緒が不安定になる場合や、器官の問題のため発音がはっきりしない場合などにことばの発達が遅れることがあります。けれども、これらは周囲の人の接し方の改善や言語治療で防ぐことができます。

　口蓋裂になると、口と鼻を喉の奥で遮断することができません（鼻咽腔閉鎖機能不全）ので、話をする時に息が鼻から漏れてしまいます。そのために話し声が鼻に抜けたようになってしまいます。鼻咽腔閉鎖機能は、手術や手術後の訓練により改善することができます。

　口蓋裂による歯並びの悪さや発音器官の働きが不十分なために、はっきりしない発音になります。また、無理に正しい発音に近づけ

ようとして、独特な間違った発音方法を身につける子どもがいます。発音は手術や手術後の言語治療によって改善されますので、手術が終わるまでは少しぐらい発音がおかしくても気にしないようにしてください。

　口蓋裂の子どもは中耳炎にかかりやすいと言われています。中耳炎を繰り返すと慢性中耳炎になり、耳の聞こえが悪くなることがあります。耳の聞こえが悪くなると、正しい発音が育ちにくくなるので耳鼻科で定期的に診察してもらいましょう。

　お子さんが頻繁に耳に触るようでしたら、痛みはないがつまった感じがしているかもしれません。耳鼻科で診察を受けましょう。

Q30〕　口蓋裂の手術をすれば、発音や声はよくなりますか。

A30〕　個人差があります。手術をすると、口と鼻を遮断する機能（鼻咽腔閉鎖機能）が自然に回復し、正しい発音を自然に身につける子どももいますが、訓練や発音を補助する装具（スピーチエイド）をつける必要がある子どももいます。また、口蓋裂のために歯並びが悪くなり、サ行やタ行が発音しにくくなる場合もあります。このような場合は矯正歯科治療が必要になります。

　手術後のことばの問題には個人差があります。いずれにしても、言語治療をしてくださる方を担当医に紹介してもらい、治療や言語指導の内容を相談するとよいでしょう。

4章 ことばのつまずきを支援する保育のあり方

Q31〕 口蓋裂の子どもは、ことばの発達が遅れることがあると聞きましたが、どうすれば防げるでしょうか。

A31〕 口蓋裂によりことばの発達が遅れる原因については、既に述べましたが、大切なことは、たとえ声や発音がはっきりしていなくても、それは治療や言語訓練で改善されていきます。特別に子育ての上で配慮する必要はありませんが、よい人間関係をつくっていきましょう。そのために心がけていただきたいことをいくつか述べます。

　よい親子関係をつくりましょう。子どものことを思うあまり、家族の方が焦ってしまっては、やさしい気持ちでことばかけをしたり、遊びを見守ったりすることができなくなります。また、過保護になったり、干渉しすぎたり、逆に放任したりということが起こりがちです。周囲の大人の不安定な対応は必ず子どもにも伝わり、心の成長に影響を及ぼします。それは、ことばの発達を疎外する原因にもなります。まずは家族の人が、余裕を持って子どもと接することが大切です。

　戸外に連れて出ましょう。外見上の問題から人目を避けたいと思われる方がいるかもしれませんが、戸外には子どもの興味を引くものがたくさんあり、ことばの学習のために欠くことのできない大切な環境です。人や物に対しての出会いの体験が少ない子どもは、どうしても引込み思案になりがちです。とにかく外出の時は、一緒に出かけましょう。

　友だちと遊ばせましょう。近所の子どもと遊ばせたり、保育園や

幼稚園に通わせたりしましょう。友だち同士の遊びではいろいろなことを学ぶことができます。もしも、子どもから質問があった時は、「おなかのなかにいた時、怪我（病気）をしたのよ」「生まれた時、口に怪我をしていたからお医者さんによくしてもらったの」「今もお医者さんで治してもらっているところなのよ」など、子どもの年齢に応じて本当のことを話していくことが大切です。子ども自身もそういう説明を聞きながら、自分の口蓋裂の状態を理解していくことができます。

　子どものことばを認め、喜んで聞いてあげましょう。おしゃべりを始めた子どもにとって、相手が自分の話を聞いてくれることは何より嬉しいことです。発音がおかしくても気にしないでください。自分の言うことをよく聞いてもらえる子どもは、人の話もよく聞けます。

　「もう一回言って」「何て言ったの？」などのことばかけはあまりよくありません。また、子どもの言いたいことが理解できないのにわかったふりをするのもやめた方がいいでしょう。子どもが話し始めたら、向かい合ってお話を真剣に聞くことが大切です。

Q32〕　手術をしましたが、まだ幼いので、発音指導は受けていません。よい発音を育てるために、家庭でできることがありますか。
A32〕　発音の注意はやめましょう。私たちは舌・顎・唇・口蓋など

を動かして発音をしています。口蓋裂であると、その機能がうまく働かないので発音がはっきりしません。そのような子どもに発音の注意をしたり、正しく言わせようと指導をしたりすると、喉の奥で音をつくるなど特殊な方法を身につけてしまいます。こうなると、その後の言語治療に時間がかかります。

　また、発音の注意を受けることで、劣等感を抱く子どももいます。発音の注意をするよりも、正しい発音を家族が自然に聞かせていく方が大切なことです。

　よい耳を育てましょう。正しい発音を身につけるには、正しい発音と間違った発音を聞きわけられる「よい耳」が育っていなければなりません。発音の指導はまず耳の訓練から始めます。「聴く」ということは大切なことなのです。好ましい傾聴態度を育てましょう。

　発音のための器官の働きを高めましょう。発音の器官は食事を摂るための働きもしています。口蓋裂であるとお乳を吸う力が弱いために、ミルクを流し込んで飲ませたり、離乳食を遅らせたりすることがあります。また、柔らかいものや細かく刻んだものだけを食べさせていることもあります。しかし、これは口の筋肉の発達を遅らせることになり、手術や言語指導に影響を及ぼすことになります。器官の働きを高めるために、健康な子どもと同じように、普通の食事の習慣をつけていきましょう。

Q33〕 手術後、鼻から息が抜けるので訓練を受けていますが、家庭で楽しみながらできる練習があれば教えてください。

A33〕 下記のような吹く遊びをしましょう。吹く遊びは口と鼻を遮断する働きを高めます。また、口に息をためたり吐いたり、声をつくるのに大切な機能の練習になります。気をつけることは、何でも強く吹くのではなく、静かに長く吹けるようにすることです。吹き方の様子を記録し医師やことばの先生に見てもらうとよいでしょう。楽しく繰り返し続けることが大切です。

①ハーモニカ・ラッパ・笛など、吹く楽器で遊びましょう（楽器は吸う遊びにも利用できます）。
②ろうそくの火を吹き消します。初めは近くで、少しずつ遠くへ。
③大きなシャボン玉を作りましょう。
④ストローでコップの水や石鹸水を吹く遊びをしましょう。またその時間を計りましょう。
⑤綿やピンポン玉などの軽いものを吹いて、飛ばしたり移動させたりします。

　吸う遊びをしましょう。ストローを日常生活で利用し、吸う練習をしましょう。一度に吸える量の変化を記録していきましょう。

ストローは短いほど楽に吸えます。
①コップの水を吸い出して、別のコップに移して遊びましょう。
②ストローで紙などを吸いつけて、別の場所へ移動させて遊びましょう。

うがいをしましょう。3〜4歳ぐらいになったらうがいができるようになります。いきなりうがいをするとむせてしまい、うがいの嫌いな子どもになってしまいます。少しずつ練習をしましょう。次のように、口の中に水を含むことから慣れさせていきましょう。
①口に水を含んでそのままでいる。
②口に水を含んだまま、モグモグをしたり声を出したりする。部屋の中を歩き廻ったりする。
③口に水を含んだまま上を向く。
④口に水を含んだまま上を向いて口を開ける。
⑤口の中に水を含んだまま上を向いて、息を出す。
⑥うがいをする。

4. 難聴の子ども

Q34〕 誕生日を過ぎた子ですが、耳が遠いのではと思うことがあります。家庭で確かめる方法がありますか。

A34〕 聞こえの様子をよく観察しましょう。聞こえ方は成長と共に変わってきます。おおまかには、次頁の表16のようになっています。このような反応の有無で、聞こえているかどうかを判断することができます。

表16

新生児	大きな音に手足をビクッとさせたりして反射する
4ヶ月頃	おもちゃ・テレビ・戸の開閉の音に振り向く 聞き慣れた大人の声に振り向く
6ヶ月頃	話しかけたり歌ったりすると、じっと見る テレビやラジオの音に敏感に振り向く
7ヶ月頃	コマーシャルや音楽の変わり目などに音のする方にパッと振り向く （音の方向が分かってくる） 「コラッ」と叱ると泣く。あやすと笑う 「ブーブー」「バーバー」と意味のない声を出す
10ヶ月頃	名前を呼ぶと「アー」と答える 「ママ」「ネンネ」などことばの真似をする
1歳過ぎ頃	隣の部屋の物音などを気にする 簡単なことばの指示に応じて行動する

Q35〕 テレビをよく見ているので、聞こえていると思っていましたが、ことばがはっきりしませんし、小さな音や声に無関心です。聴力に問題があるのではないでしょうか。

A35〕 耳鼻科の診察を受けましょう。軽度の難聴の場合は、大きな音は聞こえますし、見ることで周りの状況を察知し、行動することができます。そのために聞こえの悪いことに気づきにくくなることがあります。

いずれにしても、ささやき声が聞こえていないような場合や、音の真似が上手にできないような場合であれば、耳鼻科の診察を受け、聴力測定をしてもらってください。

なお、難聴でなくても、対人関係や知的な発達の遅れが原因になっ

4章　ことばのつまずきを支援する保育のあり方

て、聞こえていないように思える様子を示すことがあります。

Q36〕　わたしの子どもは、耳鼻科の診察で60デシベルの聞こえだと言われました。これはどういう意味でしょうか。

A36〕　デシベル（ｄB）は音の強さを表す単位で、数が大きいほど強い音を示します。「60デシベルの聞こえ」とは、60デシベルよりも強い音なら聞こえるということです。音の強さを会話の声の程度で示すと、表17のようになります。

表17

音の強さ（1m離れて）	会話の声や音の程度
20～30dB	ささやき声・深夜の郊外
30～40dB	静かな会話・静かな事務所・こおろぎの鳴く声
50～70dB	普通の会話・静かな車の中
70～90dB	大声の会話・セミの声・電車の中
90dB	耳のそばの叫び声・車の警笛・タイコ・笛・スズ

Q37〕　私の子どもと知人の子どもは、どちらも70デシベルの聞こえですが、聞こえ方の様子が違うように思います。どうしてでしょうか。

A37〕　音の聞こえ方は、人によって異なっています。音には強弱の他に高低（周波数）の違いがあります。周波数はヘルツ（Hz）の単位で表されます。

人間は普通約 16 Hz（低音）〜 16,000 Hz（高音）の範囲の音が聞こえていますが、聴力検査はその人がそれぞれの周波数ごとに、どれくらいの強さの音が聞こえているかを検査し、平均聴力レベルを算出します。それが、「デシベルの聞こえ」といわれるものです。ですから同じ「70 デシベルの聞こえ」といっても、高音がよく聞こえる人と低音がよく聞こえる人の違いがあります。どんな種類の音が聞こえにくいかを、聴力検査の時に訊ねておくとよいでしょう。

　聴力測定の結果を記入した紙をオージオグラムと言います。右耳を○、左耳を×で表しています。平均聴力の計算式は、｛500 Hz +（1000 Hz × 2）+ 2000 Hz｝÷ 4 です。例えば、オージオグラムの数字が、○（右耳）の 500 Hz が 55、1,000 Hz が 60、2,000 Hz が 65 で、×（左耳）の 500 Hz が 55、1,000 Hz が 70、2,000 Hz が 70 の平均聴力は、右耳は 60.00 Hz、左耳は 66.25 Hz となります。

　聴力は変化することがあるので定期的に検査し、補聴器を常によい状態に調節することが大切です。聴力検査は 3 ヶ月から 6 ヶ月に一度受けましょう。また、聴力検査の結果はノートなどに書きとめておき、前回の検査結果と比較しましょう。もし、平均聴力レベルで 10 デシベル以上、また、一つの周波数で 10 デシベル以上悪くなっていたら、すぐに耳鼻科医を受診しましょう。

4章　ことばのつまずきを支援する保育のあり方

Q38〕補聴器をしているので聞こえていると思うのですが、物事やことばの理解がよくありません。どうしてでしょうか。

A38〕補聴器は万能ではありません。補聴器をつけてみてください。どんな音も大きく聞こえてとてもうるさいことでしょう。近くの音の方が大きく聞こえ、一番聞きたい遠くの音が聞こえにくいこともあります。また、直接、耳で聞いている音とは違う感じに聞こえることもあるでしょう。難聴の子どもはもっと聞こえにくい状況にあります。このように補聴器はつけさえすればよく聞こえるというものではありません。したがって、子どもに話しかける時は、ゆっくりはっきりと話すように心がけましょう。また、ことばがけだけでは理解が困難な場合があるので、視覚的に物やその場の状況をわかりやすくすることが大切です。

　補聴器を調整しましょう。補聴器を装用しても、お子さんが聞こえている様子が見られなかったり、うるさい様子が見られたりしたら、補聴器販売店や特別支援学校（聴覚障害）で補聴器の調整をしてみましょう。変化が出てくるかもしれません。

　補聴器の調整を書いている用紙を周波数特性表と言い、高い音を大きくしてある度合いや低い音を押さえている度合いなどがわかります。周波数特性表の見方を一度聞いておくと便利です。

Q39〕 1歳を過ぎて難聴であることがわかり、すぐに補聴器をつけました。健常な子どもと同じようにことばは発達しますか。

A39〕 丁寧なことばかけを心がけましょう。補聴器をつけるまでに1年が経過しているので、それまで聞こえていなかったとすると、その分を取り戻すのに時間がかかります。そのことを配慮した接し方をすれば、ことばは身についていきます。補聴器は後からの音が入りにくいので、正面の60cmから1mぐらい離れた所から話すように配慮しましょう。

　大切なことは、「同年代の子と同じように」と考えるのではなく、子ども自身を見つめ、子どもの好きなことを十分に経験させることです。そのような経験の中で、耳の聞こえる子どもより、丁寧に会話することを心がけましょう。難聴のことをよく理解するために、特別支援学校や言語指導をしている先生に相談し、子どもの実態に合った指導をすることが大切です。

Q40〕 補聴器をつけて3年になりますが、発音がなかなかはっきりしません。よく聞かせているつもりなのですが、どうしてでしょうか。

A40〕 感音性難聴の場合は違う音に聞こえています。補聴器は音を大きくしてくれますが、音を聞きわける力まではつけてくれません。難聴には音が小さく聞こえる伝音性難聴と、音が小さくかつ違って

聞こえる感音性難聴があります。伝音性難聴だと補聴器によってよく聞こえるようになりますが、感音性難聴の場合は、「オカアサン」ということばが本人には「オカータン」と聞こえたり「オアーアン」と聞こえたりしています。

Q41〕 難聴の子どもとの会話で、どのような点に配慮すればよいでしょうか。

A41〕 子どもの話によく応じましょう。まず、話すことへの意欲をもたせましょう。たくさんのことを教えなければと思うあまり、大人が指導的になってしまうと、子どもは話す意欲を失ってしまいます。子どもが話しかけてきた時は、発音に間違いがあっても気持ちよく応じましょう。ことばにならない声で要求してきた時でも、大いに認め受けとめていくようにしましょう。

　子どもの興味に添って話しましょう。お子さんは何に興味を持っていますか？ 子どもが感動や喜びを持つものを知って、それに熱中している場面でことばかけをしていきましょう。興味あることについては、家族が一緒に楽しく話してくれることは、何よりも嬉しく心に残るものです。

　聞く力だけでなく、見る態度も育てましょう。話しかける時には目に見える手がかりをいつも準備して、ことばのイメージを育てることが必要です。「桜が咲いて、葉っぱが出てきて、紅葉し、そして散っ

ていく」このような一連の物事や自然の変化を見せていくことも大切なことです。難聴の子どもにとって、物をよく見たり観察したりすることは、聞こえの不足を補う大切なことです。また、人と話をする時は相手の口元や表情を見るように指導しましょう。

　口元が陰になったり、逆光になったりしないように注意しましょう。

　発音は根気よく育てましょう。発音は、初めのうちは気にしないようにしましょう。まずは、意味のあることばをたくさん使えるようになることです。発音はたくさん聞くことや使うことで次第に改善されていきます。周りの人ははっきりとわかりやすく話して聞かせることが大切です。発音指導は焦らず、根気強く、お子さんの負担にならないようにすすめていきましょう。

Q42〕　ことばを育てる上で、どのようなことを心がければよいでしょうか。

A42〕　いろいろな音を聞かせ、理解させましょう。幼児の頃は大脳が発達していく時期です。この間は残された聴力を最大限に生かし、大脳の発達を促す訓練が重視されています。そのためには、いろいろな音を聞かせ、音の意味を理解させましょう。

　まず、周りの人の声をたくさん聞かせましょう。日常生活の一つひとつの出来事を丁寧に説明して聞かせます。また、生活の中には

いろいろな音が聞こえています。卵の割れる音、物の落ちた音、そんな些細な音の意味を説明していくことが大切です。そういった日常の繰り返しが、音のある生活を理解していくことになります。また、遊びには音の出るおもちゃ、歌や楽器を積極的に取り入れていきましょう。

経験を重視し、目に見える手がかりをたくさん準備しましょう。難聴の子どもは、耳から聞こえる情報だけで物事を理解することはまだ苦手です。ですから、いろいろな経験をさせるとともに、経験しているその場でことばをかけることが大切です。

外出した時の思い出など、目に見えない場面について話す時は、写真やそのことを思い出せる物などを準備し、イメージがわきやすいようにしましょう。そのためには、出かけた先で子どもの心に残った物（パンフレットやチケットの半券、割り箸の袋など）を持ち帰っておくとよいと思います。最近はデジタルカメラが普及してきたので、画像に記録し、家に帰ってから一緒に見ることもできます。

いろいろな言語手段を利用しましょう。幼いうちは話しことばを中心にした指導を大切にしますが、それだけではどうしても限界があります。ですから、話す人の口もとを読む口話法や、手話や指文字、書きことばなどを利用することが大切です。何をどのように使っていくかは、言語指導の先生と話し合っていくとよいでしょう。

5．吃音(きつおん)

Q43〕 4歳の子どもですが、この頃おしゃべりをする時つかえることがとても多くなりました。このような子どもの発音を吃音と聞きましたが、吃音とはどのようなことをいうのですか。また、吃音の原因はどんなことなのでしょうか。

A43〕 吃音というのは、音を繰り返したり、音を伸ばしたり、音がつまって出にくかったりする状態をいいます。吃音の子どもは100人に1人くらいの割合でいるといわれています。男の子の方が女の子よりも3倍〜5倍多いといわれています。たいていは2歳から4・5歳の間に始まるようです。

　吃音の症状としては、主に次の3種類が見られます。

①**音を繰り返す（連発性吃音）**

　「幼稚園でね、オオオとこの子がね…」「お父さん、カカカいしゃへ行ってる」「ホ、ホホホ・ほいくえんでね…」などのように、ある音を2回3回と連続して繰り返したり、「学校の、学校の、学校の先生がね…」などのように、語や一区切りのことばを繰り返したりする子どもがいます。

②**はじめを延ばす（伸発性吃音）**

　ことばが出にくいために、無理に出そうとして「オーんなの子とね、オーとこの子がね…」とか「コーわれたの、ナーおしてんの」というような言い方をする子どもがいます。

③つまる（難発性吃音）

　ことばの言い始めや途中で、ことばが出そうになっているのに、すぐに出てこない状態になります。そういう場合には、ことばを押し出すために、頭を振って調子をとったり、顔をしかめて苦しそうに絞り出そうとしたり、首や手足に力を入れたりと随伴運動する子どもがいます。また、ツバを飲み込むような動作をしたり、わざと「ント、ンート」「エート」「アノー」「アノネ」などということばを使って、ことばが出てくるのを待つ子どももいます。黙ってことばが出そうな感じになるまでモジモジ待っているだけの子どももいます。

　吃音の本当の原因はまだよくわかっていないようです。吃音の子どもたちは、知能の発達にも身体の成長にも異常がないのが普通のようです。吃音の真似をすることや左利きを右利きに矯正することが原因だという考え方もありますが、決定的な原因ではないようです。

　ただ、始まって間もない子どもの吃音が、完成した形の大人の吃音とは性質は違うものであり、一過性のものが多いことははっきりしています。両親の理解と協力を得て、注意したり、叱ったりせず、焦りや苛立ちを持たないよう、ストレスを軽減するように関わることで直っていくことが多くあります。

　「うちの子は吃音ではないでしょうか」とか「この頃ことばを繰り返したり、つっかかったり、一つの音を長く伸ばしたりすることが多いのですがだ大丈夫でしょうか」という心配は、2歳から5歳くら

いまでの子どもに多くあります。この2歳から5歳までの間は、理解やことばだけでなく、身体や心の発達の面でも変化の大きい時期です。急激にことばの数が増加し、ことばを用いた表現力は目立って豊かになっていきますが、まだ十分にことばを使いこなせるまでにはなっていないというきわめて不安定な時期です。十分にことばを使いこなせないために、同じことばを繰り返したり、話すことをためらったり、ことばを思い出すために「えーと、えーと、えーと」「うんとね、ね…」等と「合いの手」を入れたりして、もたもたした不自然な話し方になってしまうのです。

　この点に関しては、アメリカの有名な言語病理学者のヴェンデル・ジョンソンが、2歳から5歳の保育園の子ども200人について調べた資料によれば、遊びの場面などで1,000語について49回の割合で、吃音の症状のような音や音節・句・単語などの繰り返しがみられたといいます。ですから、このような話し方が2歳から5歳の子どものむしろ普通な話し方であるといえます。

　ところが、一般的なことばの未熟さからお起こる吃音に似た話し方をしている子どもに対して、それをごく当たり前のことだと受けとめられない両親は、無意識のうちに子どもの話し方を注意して聞くようになり、今まで気にならなかった子どもの細かな話し方まで気になって、「吃音かもしれない」「みっともない」「早く直してやりたい」と、心配やイライラがどんどん高まっていきます。

　こうした両親の気持ちは、子どもが話す時に「もう一度ゆっくり言っ

てごらん」「慌てないで、はっきりと言いなさい」「もっとゆっくりと落ち着いて話しなさい」などと注意することになり、子ども自身が話し方を気にするようになってゆくのです。

「自分はどうもスラスラ話せない、自分の話し方は他の子と違うらしい」という気持ちから、子どもは話し始める前から心配になり、何となく不安な気持ちになり、ますますうまく話せなくなります。そして、両親に注意をされたり、叱られたりして自信を失っていき、悪循環となって少しずつ吃音に変わっていってしまいます。

吃音の発生の原因をこのように考えていくと、吃音のきっかけをつくったのは、本人ではなく聞き手の態度ということになります。つまり、2歳から5歳の子どもは、ことばのつかえやすい状況、吃音の起こりやすい状況にありますが、それを本物の吃音にするのは、日常的に関わっている周囲の大人の態度にあるということができます。

したがって、初期の吃音の指導は、本人に対する直接的なことばの訓練はほとんど必要なく、母親を通してその子どもの環境条件を整えること、周囲の人たちの子どもに対する接し方を指導していくことが大切です。

Q44〕 吃音をよくするためには周りの者はどうしたらいいのでしょうか。

A44〕 子どもへの肯定的な受けとめが吃音の症状を減らします。吃音の原因について「診断性起因」と考えている人がいます。少し詳しく述べると「吃音を見つけて吃音と診断することが吃音の原因になる」という考え方です。

アメリカ合衆国の原住民のある部族には吃音ということばそのものをもたない人たちがいるそうですが、その人たちの中には吃音者がいないということを聞いたことがあります。つまり、吃音ということばがないということは吃音と診断する人がいないので、吃音者もいないわけです。この人たちにとっては、幼児が吃音のような状態を見せるのは特別なことではなく、ごく普通という子ども観があるのでしょう。

このように考えてくると、吃音の子どもも、そうでない子どもも、一般的な生活の上では全く違いはないと考えてよいのではないでしょうか。一人の子どもを心身ともに健全に成長させるために必要な一般的な配慮が、吃音の子どもにとっても大変大切ということです。そうした、心や身体の健康上よりよいと思われる配慮をしていく中で、たまたま現れている吃音の症状は少しずつ減り、本人も周りの人もそれを気にしなくなるようにしていくのが最も危険のない、しかも、確実な対応ということができるのではないでしょうか。

子どもの生活を考えてみると、大人にとっては何でもないような

ちょっとしたことでも、ビクビクと心配したり、イライラと不安になったりするようなことがたくさんあるのかもしれません。子どもたちとの一日の生活を振り返ってみて、もしそのようなことがあったとしたら、周りの大人として、できる範囲でその原因を取り除くことに努めることが必要です。そして、身体的な面でも、心の面でも、通常の子どもたちと同じような生活をさせてあげるように周りの者がみんなで協力してあげることが大切です。

　さらに、子どもが自分自身に自信がもてるように励まし、できるだけ安定した気持ちで過ごしていけるように心がけることが大切です。例えば、幼児の場合には、夜寝る前におはなしの本を読み聞かせてあげたり、短いおはなしを語り聞かせてあげたりというような、子どもの喜ぶことをしてあげるとよいのではないでしょうか。子どもは母親がそばにいてくれるだけで安心感と満足感を覚え、そのことで自分が受け入れられ愛されているという充実感を生み出していると思います。

　また、子どもの長所を認めて伸ばしてあげること、できるだけいろいろな経験をさせて、子どもの新しい興味や関心を育ててあげることも必要になります。こうしたことを通して、子どもの自尊心とか自信が養われてきて、将来、多少の困難や障害を乗り越えていく強い心が育っていくのではないでしょうか。

　このように、一般的な身体や心の健康を配慮した上で、肯定的なことばかけをできるだけ多くしていくことが、子どもの自尊感情や自

信が養われていくことにつながっていくと思われます。

Q45〕 本人が吃音の状態になることをとても気にしているのですが、どうしたらいいでしょうか。
A45〕 お話をすることが好きな子どもにしましょう。

　お話をすることを通して、心から満足感を味わえる子どもは、もっと話をしたいと思います。逆に話をすることで、不安な気持ちを抱くようなことがあると、次第に話の嫌いな子どもになってしまいます。つまり、子どもに対する聞き手の態度が重要なカギを握ることになるのです。

　特に、ことばを使う能力がまだ十分でない子どもに対しては、言いたい気持ちを十分に尊重してやり、「あ・・・あ・・・」と言いかけて困っている時には、「落ち着いていってごらん」と言うのではなく、「そう、なあに？」と受容的な態度で受けとめて、気長に待ってあげることが大切です。

　幼い子どもの場合は、多少つかえながら話していても、聞き手に受け入れられるだけで満足感を味わえるものです。そうすると、子どもはみんなと一緒に歌をうたったり、遊びながら話し合ったりするような楽しい場面では、自分のことばのつまずきを気にかけずに話をするようになります。

　たどたどしく話していても、ことばを何度も繰り返してつっかかっ

ていても、発音がおかしくて聞きにくくても、思う存分話させて真剣によく聞いてあげることが大切です。お母さんは早口で話しかけないようにし、ゆったりと余裕のある態度で、しかもわかりやすく、まず、見本を示してあげましょう。お母さん自身が吃音をこわがらず、恥ずかしいものではないという正しい吃音の知識をしっかりと身につけることが必要です。

<吃音が出る場面、出ない場面をみつけます>

　ことばを繰り返したり、つかえたりする吃音の症状は、何かの条件によって、重くなったり軽くなったりすることがよく知られています。そこで、どのような条件が整うと吃音の症状が軽くなるのかということについて観察することが肝要になってきます。そして、よくする条件をたくさん与えてあげることと、症状を悪くする条件を取り除いてあげることが、最もよい手助けになります。

<ことばのつかえやすい場面例>

①必要なことばや言いまわしを知らなかったり、適当なことばがみつからなくて迷うような時。
②物の名前がはっきりしなかったり、発音や構音に自信がない時。
③結果が困ったことになるような、言いたくないことを無理に言わせられる時。例えば、自分がした悪いことを母親に話さなければならない場合など。

④言いたいことをさえぎられる時、または、さえぎられそうになった時。例えば、せっかく話し始めても、周囲の人に途中で話を横どりされた場合など。特に、兄弟姉妹の多い家庭では、年下の子どもがよく経験することです。

⑤よく聞いてくれない相手に話しかける時など、聞き手の注意がそれている時。新聞を読んでいるお父さんに意気込んで話しかけると、こうなりやすいです。

⑥早く話すようにせきたてられたり、急いで言ってしまおうとしたりする時。

⑦ことばのつかえを心配して、ハラハラしている時に話しかけたり、ことばに厳しい聞き手に話しかける時。

⑧禁止や抑制が多すぎる時。子どもに「いけません」「だめ」「もっと落ち着いて…」などと事あるごとに連発している場合があります。これらのことばは欲求不満という形になって緊張を高め、ことばをつかえやすい状態にさせます。

＜話しやすい場面＞

① 歌をうたう時。
② 誰かと一緒に声をそろえて話したり、読んだりする時。
③ ひとりごとを言う時。
④ かわいがっている犬や猫に話しかける時。
⑤ 気楽な相手と楽しいおしゃべりをする時。

⑥ 連続的に言う時。
　この他にも、いろいろな条件があると考えられます。また、ここにあげた条件の全てが、どの子どもにも同じように影響を与えるものでもありません。

Q46〕吃音への対応は、幼児の場合と小学生の場合とに違いがありますか。
A46〕これまでの質問に対して答えてきた吃音の子どもへの対応については、主に幼児の吃音を中心に考えてきました。小学生の吃音についても基本的な考え方や対応の仕方は原則的には変わりませんが、字が読めるようになり、本読みなどの課題が出たりするので、「幼児期の吃音」「小学生の吃音」という二つにわけて、対応の違いについて整理してみましょう。

幼児期の吃音
　幼児期の吃音（初期の吃音）については本人に吃音を意識させないようにすることが大切です。この時期の大きな特徴は、子ども自身がまだ自分の吃音をはっきり意識していないということです。したがって、対応のねらいは次のようになります。
　第一に、本人に吃音を意識させないようにすることです。本人への直接的なことばの訓練はしてはいけません。お母さんに吃音につ

いての正しい考え方、対応の仕方を勉強していただき、本人を取り巻く環境条件（特に、ことばの環境）を望ましいものにすることが大切です。

　第二には、ことばのつかえと関係がありそうな条件をできるだけ取り除いたり、改めたりすることが大切です。

　第三には、子どもの話しことば全体、ひいては心身両面の健全な発達をうながすことによって、吃音の問題が自然になくなるのを待つことが大切です。

小学生の吃音

　小学生の吃音は、一緒に声をそろえて読んだりすると吃音の子どもでもつかえなくなります。基本的なことは幼児の場合と変わりはありませんが、幼児の場合と比べて、学校生活という大きな環境の変化があり、生活環境が広がってくるので吃音の問題の特徴も少しずつ変わってくることが予想されます。いろいろな意味で、自分のことばについて不安を感じたり、不快な目にあったりする条件が多くなってきます。だから、遅かれ早かれ自分の吃音について気になりはじめ、だんだん意識してくる段階です。また、学校生活は勉強が中心になり、読むことや発表することが新たに生活の中に入ってきます。本を読む学習の失敗は、吃音を悪化させる場合があるので、十分に気をつけなければならなりません。一緒に声をそろえて読むと、吃音の子どもでもつかえませんので、この方法を家庭の指導に

も取り入れるとよいと思われます。

Q47〕 吃音の子どもに対する家庭での対応の具体的プログラムがあったら教えてください。

A47〕 家庭でお母さんに実行していただく、具体的なプログラムの例を紹介しましょう。まず初めに、親が自分自身に次のような質問をしてみてください。○×をつけたり、メモしましょう。

①子どものためにイライラさせられたり、また、子どもをイライラさせたりしなかったか。そのようなことがあった場合、どうしてそうなったのか。
②子どもにこみいった内容を早口でたくさん、または、長々と話しかけなかったか。
③子どもにたくさん質問して、もっとたくさん話すように言ったり、ことばに関しての禁止や強制や抑制をしたりしなかったか。
④子どもが話しかけている時、座を立って他のことをしたり、また、子どもがまだ話し終わっていないのに、「わかった」とうなずいて話を中断させたりしなかったか。
⑤愛情を子どもに十分わからせるような態度を示してきたか。
⑥注意をし過ぎたり罰を与え過ぎたりして、子どもに自分はダメな子だと感じさせるようなことをしなかったか。
⑦いつも静かに、おとなしくしていてくれることばかりを願って、

騒ぐのをやめさせてばかりしてこなかったか。
⑧子どもがことばにつかえた時、目をそらしたりして、こちらの不安な気持ちを悟られるような態度を示したことはなかったか。
⑨子どもと楽しく話し合う時間をもつことができたか、そして、楽しい話し合いや遊びができたと思うか。

禁止のことばの回数を調べてみましょう。
　自分では意識していないのに、注意の多いお母さんがいます。どのくらい禁止のことばを子どもに与えているか、客観的に知るのはよいことです。
　お子さんに対する禁止のことば（ダメです、やめなさい、してはいけません、もっとちゃんとしなさい、など）の回数を調べてみましょう。午前中の1時間とか時間を決め、できれば誰か他の人に数とりを頼んでください。

子どものよい行動をメモしてみましょう。
　親は子どもの欠点ばかりが目につくものですが、子どもの長所を見つけることができるようになると、いくらか子どもに対する注意の回数も少なくなるでしょう。この課題は子どもと接触する時間の多い時に行うとよいでしょう。そして、それを1週間続けて記録してみましょう。

話しやすい場面や話しにくい場面を観察し、記録しましょう。

　次に、お子さんが話しやすい場面、話しにくい場面とはどんな時かを観察し記録しましょう。このことは、お子さんの吃音の対応の手がかりになります。一応、3か月間に限って観察してください。メモ用紙をポケットに入れておいて、気がついた時には、すぐに記録するのがよい方法です。

　吃音の子どもをもつお母さんにやっていただく課題は、このほかにもたくさんあります。吃音の状況やその子どもの状態に応じた望ましい対応は、吃音をよくするのに大変有効なものとなります。

6. その他のことばの問題がある子ども

Q48〕　ある時期から園で全く話をしなくなりました。家ではよくしゃべっているのに、どうしたのだろうかと心配しています。

A48〕　心理的な問題から、ある特定の場面で話さなくなるお子さんがいます。3〜4歳の頃から、園や学校など集団の中で突然話さなくなることがあります。これは社会経験が乏しくて、まだ集団になじんでないような場合や、ちょっとした失敗でいやな思いをした時、不安なことがある時、転居などの急激な環境変化等によって起こるといわれています。しかし、これといった原因が見当たらない場合が多くあります。

　このような時は無理に話させないようにしましょう。励ましたり、

頑張らせたりすることも望ましくありません。まず、「どんなところでも安心なんだ」という気持ちが持てるように、のびのびと育てることが大切です。

長期間このような状況が続く場合、ことばに関する相談機関では遊びを使った遊戯療法などによって指導をしています。

Q49〕 3歳になる子どもですが、動きが激しく少しもじっとしていません。何かしてほしいことがある場合以外は、人との関わりも少ないと思います。話すことばも少なくて心配です。

A49〕 落ちついている場面でことばをかけましょう。お子さんの後を追うことが多くて、落ちついてことばをかける機会が少ないからかもしれません。何かの場面では集中していたり、落ち着いていたりすることがありませんか？ そんな時こそ人のことばに耳を傾けたり、家族の人と関わったりできるよいチャンスです。何かを教え込もうとするのではなく、子どもが興味を持っていることを見つけて、そのことをことばにして聞かせていきましょう。まず、身近な人のことばを聞く経験を積み重ねることが大切です。

Q50〕 私の子どもは自閉症スペクトラム障害といわれています。コマーシャルや「イタイ」「コンニチワ」などひとりごとを言うことは

4章　ことばのつまずきを支援する保育のあり方

できますが、私が話しかけてもそのことばを真似ることが多く、会話になりません。どのように会話を教えていけばいいでしょうか。
A50〕　一緒に遊んで、話を聞くことに関心を持たせましょう。ことばは耳から入ってきますが、障害がある場合ことばとして入ってくるのではなく、ただ音として受けとめていることがあります。自閉症スペクトラム障害といわれる子どもでことばの発達が遅れている場合、話しかけてもオウム返しで応えたり、好きなことばを繰り返し言ったり、話しかけても応えてくれない子どももいます。でも、子どもの大好きな遊びを一緒にすることを心がけてください。
　その時注意することは、大人が遊びをリードしすぎて、指示や禁止が多くなったり、ことばかけが多くなり過ぎたりしないようにすることです。そうでないと、子どもは落ち着かなくなったり緊張したりして長く遊べなくなってしまいます。それが自閉症の子どもの特徴です。
　遊びの中で子どもが何か要求してきた時は、それに応じましょう。また、子どもの動作やことばを真似てみましょう。これらは人への関心を育てることになります。一緒に遊ぶことに慣れてきたら、遊びに関係のあることば（物の名前、動作のことば、かけ声など）をかけたり、遊んで見せたりしましょう。このようにして、身近な人から家族の皆さんへと一緒に遊べる人を増やしていきましょう。
　ことばの意味が理解できるように根気よく語りかけましょう。初めは大人のことばを真似しているだけのように思えても、根気よく

続けることが大切です。遊びの中のことば、日頃よく使う物の名前、挨拶や人の名前など繰り返し聞かせましょう。

「物には名前があるらしい」「このことばはこんな時に使うのか」というようなことがわかっていくように、具体的な物や場面に合わせてわかりやすいことばで伝えることが大切です。

Q51〕 子どもは２歳で体にまひがあるのですが、ハイハイができるようになりました。また、さかんに物を見ては声を出しています。脳性まひの場合、話し方にも影響がでるのでしょうか。

A51〕 話し方はまひの症状によって異なります。脳性まひといってもその症状は様々なので、話し方の様子も一様ではありません。話すことに問題のない子もいれば、話し方が不自然になったり、発音が聞きとりにくい子もいます。

お子さんは身の周りの物に興味を示していることがうかがえます。声を出しているということは何かを伝えようとしているのです。お子さんの声に応えてことばで話しかけていくことが大切です。

また、ハイハイも始まっているので、いろいろな物を見る経験ができるようになっています。見たり触れたりする時に名前を教えましょう。話し方だけでなくことばの理解を深めることはもっと大切なことです。

4章　ことばのつまずきを支援する保育のあり方

Q52〕　肢体不自由の子どもがいます。移動したり座ったりすることができません。声を出すことはありますが、ことばにはなっていません。どのようにコミュニケーションをとればいいのでしょうか。

A52〕　子どもはきっと何かを伝えています。子どもの話が不自由でも、周囲の人は話しかけていくことが大切です。たとえ話ができなくても、お父さんやお母さんの話をちゃんと聞いている子どもがたくさんいます。お子さんは不快な時泣くでしょう。誰かが話しかけた時に声を出したり身体を動かしたりして反応していませんか？　また、視線で何かを訴えているようなことはありませんか？　このような反応を大切な「ことば」として受けとめることです。このような様々な場面を利用して、お互いの伝えあいの方法を探しましょう。たとえ「イエス」「ノー」の表現だけでも、いろいろなことを伝えあうことができます。「子どもが伝えようとしている」という受容の気持ちで接することが何より大切です。

Q53〕　脳性まひで5歳になる子どもです。何でもよくわかってよく話をしますが、聞きとりにくく、親である私が聞いてもよくわからないことがあります。子どももことばが通じなくて怒ることがよくあります。どうすればよいですか。

A53〕　話しことば以外の伝達手段も考えてください。一生懸命話しているのに、自分の話が人に通じないということはとても辛いこと

ですし、そのままにしておくことは、子どもの心の発達のうえで望ましいものではありません。機能訓練である程度発音の改善することはできますが、大切なことは伝えたい時に伝わることを保障することです。そのために何か利用できるものはないでしょうか。書くこと・身振り・サイン・トーキングエイド・文字盤・ワープロなど、ことばでは表せなくてもその代わりになるものは、いろいろあります。ことばだけにとらわれるのではなく、その代わりになる方法を見つけることが大切なことです。

Q54〕 私の子どもは口蓋裂ではないのですが、声が鼻に抜けたような感じで発音がはっきりしないのですが、どうなっているのでしょうか。

A54〕 医師に相談してください。外から見ただけでは何ともないように見えても、口蓋の粘膜の下の筋肉が断裂している場合（粘膜下口蓋裂）や何かの原因で鼻と口を遮断する鼻腔閉鎖機能に問題がある場合があります。このような場合は、鼻に抜けたような声になることがあります。いずれにしても治療を必要とすることが多いので、耳鼻科や口腔外科の診察を受け、声の異常の原因を調べてもらうことが大切です。

おわりに

　社会の大きな変化の中で、子どもや保育を取り巻く状況はめまぐるしく変貌し、子どもたちの保育や保護者支援に関わるニーズは無制限に多様化・複雑化して、これまでのような保育経験だけでは対応しきれない難しい事例が年をおうごとに増加してきています。しかし、多忙化の中でそのような現実に対応するための知識や技術の体系化はなかなか進まず、対症療法的な対応に追われ根本的な支援の方法が見いだせていないという現実があります。

　保護者支援にあたっては、保護者の全人格的な理解ということが最も大切なことになります。そのためには、保護者の表面的な言動だけではなく、子育てに関わる生活実態とともに生活背景や生い立ち、さらには複雑な人間関係についてまで留意することが必要になってくるということが、具体的な支援方策を考えていく中で明らかになってきました。

　保育者に激しく抗議を続ける保護者に対して、「モンスターペアレント」ということばが保育現場でも飛び交うようになってきました。このことばはマスコミがリードする形で広く使われるようになってきたものですが、保育現場の複雑な現状の一面を象徴しているように思います。

　このような現象に対して多くの保育者は「保護者はモンスターなどではない。クレームという形をとりながら、保育者に助けを求め

ている」というように受けとめています。現在の保育システムの中では、クレームをぶっつけるという手段でしか保護者は保育者とつながることができないという、悲しい現実があるのではないかと考えているのです。

傷ついたり生きづらく感じたりしている子どもたちが、そのサインを「いじめや暴力」といった間違った形で無意識に表出するのと同じように、保護者自身が抱えている生きづらさや様々な苦しみが「モンスター」と表現される振る舞いを誘っているのではないかと考え、保育者は保護者の願いに応えようとしているのです。

保育現場において、子育て環境をこれまで以上に高めていくためには、保護者に対する心理的ケアの機会をできるだけ創出し、改善につながるサポートを心理的・制度的なことを含めて保育者が自発的に行っていくことがとても重要なことだと思います。

これまで保育者との共同研究を通して、一人ひとりの保護者が、「一人の価値ある人間として対応してもらいたい」「あるがままの気持ちをあるがままに受けとめてもらいたい」「自分の気持ちや言動を好意的に受けとめ、保護者の立場に立った対応をしてもらいたい」「一方的な価値観に縛られないで、自分たちのことは自分たちで選んで決めていきたい」という深い思いを持っていることを改めて教えられました。忘れてはならないことだと思います。

そのような中で、保護者支援の課題を整理し、それを実際の保育現場で活用できるような生きた支援方法として体系化していく試行

おわりに

を続けてきました。全国各地で開催される保育心理士養成の講座とすでに保育心理士として活動している人たちのフォローアップ講座では、保育への新しい息吹と保護者支援への熱い思いが渦巻き、それぞれの保育者としての経験と智恵が具体的な支援の姿として形づくられるようになってきています。私はそれらの一つひとつをその時々に、籍を置く大学の研究紀要・年報や保育心理士の機関誌である「ほいくしんり」等に発表してきました。

今回はこれらを『受けとめる保育』として今一度整理・編集して小著にまとめました。

本書出版に当たり、㈱エイデル研究所の社長である新開英二氏に多大なご支援をいただきました。心よりお礼申し上げますとともに引き続き今後のご指導をお願いいたしたいと思います。

牧野桂一

著者紹介

牧野　桂一（まきの　けいいち）
【経歴】
大分大学教育学部教育学科卒業。
1970年より、大分県内の公立小学校・養護学校、及び大分大学附属養護学校勤務の後、大分県教育センター主幹研究員、研究部長へ。
その後、大分市立植田小学校教頭、大分県教育庁学校教育課参事、学校週5日制推進室長、特別支援教育推進室長、大分県立臼杵養護学校長、大分県立新生養護学校長を経て、筑紫女学園大学文学部教授。現在、筑紫女学園大学人間科学部教授。
その間、大分県警少年課大分っ子フレンドリーサポートセンター・アドバイザー、大分県発達障害研究会副会長、大分県適正就学指導委員会委員長、大分市の幼児教育を考える会会長、大分大学客員教授を務める。
1997年、心身障害児教育財団より「辻村奨励賞」受賞。
学校心理士、大谷保育協会認定保育心理士。

【主な著書】
『障害児教育への出発（共著）』（明治図書）、『童話集　友子の小さな旅（共著）』（国土社）『子どもが生きられる世界（共著）』（一茎書房）、『学級通信～中学年～（共著）』（日本標準社）、『植田の昔話』（植田郷土史研究会刊）『子らのいのちに照らされて』（樹心社）『子どもの発達とことば・かず』（いちき書房）『句集　大分川』『句集　棒』『句集　木に咲く鷺』『評論集　俳句の私性について（共著）』（現代俳句協会刊）等。

受けとめる保育　そうなんですねー　なるほどねー　たしかにねー

2013年3月25日　初刷発行		
2021年3月25日　3刷発行	著　者	牧野　桂一
	発 行 者	大塚　孝喜
	印刷・製本	中央精版印刷㈱

発 行 所　エイデル研究所　〒102-0073　千代田区九段北4-1-9
　　　　　　　　　　　　　　TEL 03-3234-4641　FAX 03-3234-4644

Ⓒ　Keiichi Makino
ISBN 978-4-87168-522-1　C3037　　　　　　　　Printed in Japan